Hombre sin final

Hombre sin final

Testimonios sobre
Rafael Hernández Colón

FUNDACION
BIBLIOTECA
RHC

PONCE

Copyright © 2019 sobre la compilación:
Fundación Biblioteca Rafael Hernández Colón.
Calle Mayor 50 esq. Calle Castillo
Ponce, Puerto Rico 00733
www.rafaelhernandezcolon.org

No se reclaman derechos sobre el contenido de los testimonios.

Derechos reservados

Primera Edición

Library of Congress Cataloging-in-Publication Data

Hernández Colón, Rafael
    Hombre sin final: Testimonios sobre Rafael Hernández Colón
    ISBN: 9781072062264

Yo quisiera ser recordado, no por nada en particular, sino como una persona que tuvo y tiene una gran fe en el pueblo puertorriqueño.

—Rafael Hernández Colón, 1992

Contenido

Despedida de la familia

Epílogo

MENSAJE DE LA JUNTA DE DIRECTORES
FUNDACIÓN BIBLIOTECA
RAFAEL HERNÁNDEZ COLÓN

Uno de los privilegios de la vida es conocer y convivir con seres excepcionales que guían nuestro quehacer e iluminan nuestro entendimiento. Rafael Hernández Colón inspiró al servicio público a más de una generación de puertorriqueños. Dirigió los destinos de sus compatriotas por décadas y creó una especial Escuela de Liderazgo en su Fundación basada en un compromiso vital con la capacitación del puertorriqueño para prepararlo ante los enormes retos que confronta.

Su partida en el mes de mayo de 2019 nos consternó y a la vez nos llena de esperanza. La sentida despedida que sus amigos y adversarios políticos le brindaron fueron un testimonio del aprecio y respeto que se ganó con su ser y su proceder. Compartir estos mensajes es un deber impostergable. Para un pueblo y unos tiempos que necesitan guías y maestros, su legado es semilla de futuro.

La Junta de Directores de la Fundación Biblioteca Rafael Hernández Colón (FBRHC) se honra en participar en este esfuerzo de producir un libro de testimonios sobre el exgobernador recopilando las columnas que se publicaron tras su fallecimiento.

En 1992 un grupo de amigos cercanos al Gobernador nos reunimos bajo el liderato de don Arturo Díaz para organizar una fundación que asumiera la responsabilidad de cuidar y preservar toda la documentación que evidencia la obra de retos y luchas en la vida pública de Rafael Hernández Colón. Además, siguiendo la orientación del Gobernador, establecimos como meta fomentar el interés en la investigación, el estudio, análisis y reflexión sobre la realidad del pueblo puertorriqueño. Creamos un espacio de encuentro multisectorial y multidisciplinario para generar conocimiento y acción al servicio de Puerto Rico.

Para lograrlo nos propusimos construir un edificio/biblioteca para que fuera la sede de la FBRHC en Ponce. Nos enfocamos en adquirir dos propiedades en el casco de la ciudad, que el Gobernador identificó, con un trayecto histórico importante y nos dimos a la tarea de diseñarla y construirla. Por ser edificaciones antiguas, presentaron un gran reto arquitectónico y de reconstrucción. Pero hoy es un sueño hecho realidad.

Los invitamos a visitarnos para que disfruten de su contenido físico y programático, tales como el Archivo Histórico, Museo, Biblioteca Infantil, Centro de Historia Oral, Escuela de Liderazgo- programa emblemático de la Fundación, Sala de la Historia Constitucional de Puerto Rico, Auditorio, Sala de Conferencias y Salón de Actividades para visitantes y el público en general.

La FBRHC protege una parte importante de la historia de nuestro pueblo, conservando este acervo histórico y haciéndolo disponible para el pueblo de Puerto Rico. Esta Junta de Directores está comprometida en continuar impulsando los programas de la FBRHC y así cumplir con las aspiraciones del exgobernador. Pero la obra quedó inconclusa con la partida de Rafael Hernández Colón porque hay mucho más por hacer para alcanzar su sueño. A esa tarea nos dedicamos con mucho esmero y amor.

Fallece "el último hombre de Estado"

Trayectoria

The New York Times
Rafael Hernández Colón, 82, Ex-Governor of Puerto Rico, Is Dead

El periódico *#1* en Puerto Rico en lectoría y circulación.

el Vocero
de Puerto Rico

GRATIS
Fuerte pulseo por junta fiscal en el Congreso

WWW.ELVOCERO.COM

RAFAEL HERNÁNDEZ COLÓN
1936-2019

Decretan 30 días de duelo por la muerte del exgobernador, uno de los líderes más importantes en la historia del Partido Popular.

Voces de todos los sectores de la sociedad lamentan la partida del exmandatario.

Primera HORA
GRATIS #1 EN LECTORÍA

ADIÓS CUCHIN

RAFAEL HERNÁNDEZ COLÓN (1936-2019)

Las banderas estarán a media asta durante

El pueblo ponceño reconoce la nobleza

Exgobernadores y alcaldes lo describen

Los restos serán expuestos hoy y mañana en el Capitolio y en su biblioteca en Ponce

EDICIÓN ESPECIAL

EL NUEVO día
VIERNES

RAFAEL HERNÁNDEZ COLÓN (1936-2019)

Se marcha un hombre decisivo en la historia de Puerto Rico

Gobierno decreta 30 días de duelo.

Habrá masivos homenajes en San Juan y Ponce

NBC NEWS
Puerto Rico mourns the death of former Gov. Rafael Hernández Colón at 82

Hernández Colón, who supported Puerto Rico's current commonwealth status, presided over a prosperous period in the island.

Prólogo

El 2 de mayo de 2019, cerca de las 8:00 de la mañana, estaciones de radio y televisión interrumpieron su programación para anunciar el fallecimiento del exgobernador Rafael Hernández Colón. Aplicaciones móviles notificaron el suceso directamente a los celulares de miles, quizá millones, de puertorriqueños en el mundo. Su legado comenzó a definirse instantáneamente a través de las expresiones que inundaron los medios de comunicación, las redes sociales y los actos fúnebres. La prensa impresa le dedicó las primeras planas y lo calificó como "hombre decisivo en la historia de Puerto Rico" y el "último hombre de Estado".

Este libro plasma aquellos testimonios que surgieron al conocerse de su muerte. Son testimonios que reflejan el impacto inmediato de su partida —lo primero que muchos pudieron articular bajo la sombra del luto. Se reproducen con ediciones leves para eliminar redundancias que surgen al compilarse tantos escritos sobre una persona, como son los resúmenes biográficos y pésames a la familia. Inicia con la despedida del duelo que ofreció el exalcalde de San Juan Héctor Luis Acevedo y cierra con un epílogo del periodista A.W. Maldonado.

Tras su muerte, líderes de la oposición reconocieron que Rafael Hernández Colón trascendió líneas partidistas. Carlos Romero Barceló, su adversario principal, lamentó la partida de un "gran líder" que había hecho una "extraordinaria contribución" a la vida política de Puerto Rico. Pedro Rosselló reconoció "una estrecha relación de mutuo respeto y convicción de que ambos buscamos, en todo momento, lo mejor para el pueblo puertorriqueño". Asimismo, Luis G. Fortuño afirmó "que en todo momento estuvo disponible ávidamente para compartir sus recomendaciones y experiencia" desinteresadamente. Y el gobernador Ricardo Rosselló lo calificó como un "ícono puertorriqueño".

Líderes de su partido destacaron su obra, sus talentos y su relevancia. "El país no solo pierde a un gobernador visionario, a un gran abogado y a un autonomista genuino", escribió Alejandro García Padilla, "sino que también pierde al último ejemplo de un político ilustrado". Como señaló Aníbal Acevedo Vilá, para los populares "fue y es la figura histórica de mayor relevancia, luego de la del fundador Luis Muñoz Marín". Dejó un vacío que, según Sila M. Calderón, "será difícil de llenar".

Miembros y exmiembros de la judicatura resaltaron su pasión por el derecho y respeto por las instituciones. Tras resumir su legislación de justicia social progresista, la jueza presidenta del Tribunal Supremo, Maite Oronoz, reconoció que Hernández Colón dejó "una huella gigante en el campo de los derechos humanos y la justicia en Puerto Rico". Por su parte, el juez asociado Ángel Colón reseñó que se trataba de "uno de los juristas más completos, si no el más, que ha producido nuestro país". Le apasionó el derecho, y como reveló el exjuez presidente del Tribunal Supremo, Federico Hernández Denton, "uno de sus mayores anhelos era seguir los pasos de su padre, el juez asociado Rafael Hernández Matos, y convertirse en juez del Tribunal Supremo de Puerto Rico". Nombró 12 jueces al Tribunal Supremo, y como reseñaron sus exayudantes Hiram Sánchez y Ángel

Hermida, a quienes nombró a la judicatura posteriormente, no permitió que consideraciones partidistas contaminaran sus decisiones.

Los testimonios de la familia resaltaron sus virtudes paternales y cristianas. "Alelo Cuchin, sin acento en la i, te rascaba la cabeza con fuerza y te asfixiaba con sus abrazos", narró su nieto Pablo José. "Cuando lo hospitalizaron en noviembre, nos miró a Erwin, Hans y a mí y nos dijo, 'qué mayor alegría que estar aquí con mis tres nietos'." Según su hijo José Alfredo, nunca temió la muerte: "Como cristiano, vería este proceso como la voluntad de Dios y la muerte como la llegada a la meta y el comienzo de una celebración".

Miles acudieron a los actos fúnebres en el Capitolio, las catedrales de San Juan y Ponce, la sede del Partido Popular y la Fundación Biblioteca Rafael Hernández Colón. Llevaron banderas de Puerto Rico y del Partido Popular, venían de todos los pueblos de la isla y expresaban su razón para decir presente: la niña a quien facilitó una operación de corazón abierto, el hombre a quien entregó su primer título de propiedad, la familia a quienes les reconstruyó un hogar tras el derrumbe de Mameyes.

Al ser la primera muerte de un exgobernador en la era de las redes sociales, cientos de miles expresaron su luto digitalmente. Aproximadamente 750,000 personas vieron la compilación de videos familiares que se subió a Facebook, que además obtuvo cerca de 99,000 interacciones y 8,500 comentarios. Los miles más que vieron los actos por televisión e internet sintieron, como describió el profesor Máximo Cerame Vivas, "la resurrección de todo lo que creíamos haber perdido". Captaron, como la señora Laura Guerrero de León plasmó en Facebook, que gestas como las de Rafael Hernández Colón solo son posibles "por hombres que no tienen final".

7

A los siete años, con sus padres en la gruta de Lourdes

Datos biográficos

Rafael D. Hernández Colón nació el 18 de octubre de 1936 en Ponce, Puerto Rico. Su madre Dora era independentista. Su padre Rafael, estadista. Lo inscribieron el 24 de octubre, día de San Rafael.

De pequeño le inculcaron valores de respeto y tolerancia a la diversidad de pensamiento. Su primer recuerdo político data de cuando tenía ocho años y su madre colgó una bandera del Partido Popular en el balcón de su casa durante las elecciones de 1944. "El despliegue de esa bandera era una expresión del gran respeto que se tenían mi padre y mi madre", recordaría de adulto, "pues mi padre era republicano y estadista".

Comenzó su trabajo político en 1948, cuando su madre abandonó el Partido Popular y aspiró a la alcaldía de Ponce por el recién fundado Partido Independentista Puertorriqueño. El joven de doce años sirvió a su madre de mensajero, llevando y trayendo documentos en su bicicleta, y acompañándola a mítines y programas de radio.

Durante ese tiempo, cursó estudios primarios y secundarios en la Escuela Rafael Pujals y en el Colegio Ponceño de Varones en Ponce. Su madre lo recordaría como un niño "travieso" que "tenía la tendencia a molestar al chiquitín porque quería siempre la atención de su mamá", pero también gozaba de "cierta disciplina a él mismo que le hacía ser muy ordenado y responsable". De Ponce partió a Valley Forge Military Academy, en Wayne, Pennsylvania, donde obtuvo su diploma de escuela superior en 1953. De Valley Forge se trasladó a Johns Hopkins University, en Baltimore, Maryland, donde dedicó su último año de bachillerato a redactar una tesis sobre el recién creado Estado Libre Asociado que despertó su conciencia política. "Leí cuanta cosa se había escrito, dentro y fuera de Puerto Rico, sobre el ELA", reflexionó años más tarde. Lo más que le impactó fue un discurso que ofreció Luis Muñoz Marín el 17 de julio de 1951 sobre la "patria-pueblo". "Me convencí profundamente de que el Estado Libre Asociado era la solución más adecuada para resolver la controversia del estatus de Puerto Rico", recordó, "y sin edad para votar todavía, me convertí en miembro del Partido Popular Democrático". La tesis le obtuvo el premio Julius Turner de mejor tesis en Ciencias Políticas.

Hernández Colón regresó a Puerto Rico en 1956 a estudiar Derecho en la Universidad de Puerto Rico. Allí abordó nuevamente el tema del Estado Libre Asociado, pero desde la perspectiva jurídica. Tras graduarse primero en su clase, volvió a Ponce, estableció su oficina de abogado, y se casó con Lila Mayoral el 24 de octubre de 1959.

Su tesis de Derecho le abrió las puertas al servicio público y una carrera dentro del Partido Popular. "Poco después de establecerme en Ponce, supe que mi tesis de leyes había llegado a don Luis Muñoz Marín y que este la había mandado a imprimir." El entonces gobernador lo nombró miembro de la Comisión de Servicio Público, una posición a tiempo parcial que le permitía continuar laborando como abogado y profesor de Derecho Procesal Civil en la Pontificia Universidad Católica de Puerto Rico.

En 1964, tras el retiro de Muñoz, laboró en la campaña de Roberto Sánchez Vilella para gobernador. En agosto de 1965, por recomendación de Muñoz, Sánchez Vilella lo designó secretario de Justicia. Tuvo a su cargo importantes reformas de índole legal y la legislación sobre el plebiscito de 1967, en el cual colaboró junto a Muñoz en redactar la definición del Estado Libre Asociado. Fue durante esa campaña que ofreció su primer discurso político el 15 de junio de

Rafael Hernández Colón y su padre, el juez asociado del Tribunal
Supremo Rafael Hernández Matos en 1959

1967. Tras celebrarse el plebiscito, el Estado Libre Asociado prevaleció con 60% de los votos.

En 1968, Muñoz le pidió que aspirara al Senado por acumulación, lo cual aceptó partiendo de la premisa que el Partido Popular prevalecería en las elecciones, como había sucedido desde 1944. No obstante, a raíz de una división amarga, al llegar las elecciones de 1968, el Partido Popular perdió la gobernación y la mayoría en la Cámara de Representantes pero retuvo el Senado.

Convencido de la necesidad de renovar el Partido Popular, Hernández Colón procuró la presidencia del cuerpo legislativo. Superó la resistencia de los senadores más antiguos de su delegación y en una elección tensa y cerrada, prevaleció por un voto. En diciembre de 1969, asumió la presidencia del Partido Popular. A un mes de las elecciones de 1972, Muñoz, tras autoexiliarse en Europa para ceder espacio al nuevo liderato, reconoció la labor de su heredero. "Rafael Hernández Colón organizó lo desorganizado. Despertó lo que dormía anonadado. Puso energía donde encontró inercia y desesperanza", declaró el exgobernador ante una multitud de casi 200,000 puertorriqueños congregados en Plaza las Américas. El mes siguiente, Hernández Colón prevaleció con 50.7% de los votos frente al gobernador Ferré. A los treinta y seis años, se convirtió en el gobernador electo más joven de Puerto Rico.

Su primer cuatrienio fue, como titularía sus memorias de aquel periodo, "contra viento y marea". Asumió el poder confiado que iniciaba una nueva era hegemónica para el Partido Popular. Pero la crisis internacional de petróleo causaría la primera recesión económica desde los años treinta en Puerto Rico, obligándole a tomar medidas antipáticas y políticamente costosas.

A pesar de la crisis, su primera administración se destacó por lograr el establecimiento de la sección 936 del Código de Rentas Internas federal, que fomentó el desarrollo industrial de Puerto Rico y generó cientos de miles de empleos durante su vigencia. También nombró, junto al presidente Richard Nixon, un comité ad hoc para el desarrollo del Estado Libre Asociado que produjo lo que se conoció como el Nuevo Pacto.

A pesar de estos logros, perdió en las elecciones de 1976 frente a Carlos Romero Barceló. "La derrota me produjo un gran dolor. No la esperaba", confesó años después. Como narra el periodista A.W. Maldonado: "La noche después de las elecciones de 1976, con Hernández en su oficina-biblioteca en La Fortaleza, su cara en sombra, su voz baja demostraba que estaba emocionalmente herido. No lo entendía. El pueblo lo había rechazado".

Reorganizó el Partido Popular, elaboró una nueva tesis política y aspiró nuevamente en 1980. "No era el Hernández analítico, frío, derrotado, indeciso, entre el 'voy o no voy.' No era el Hernández introvertido, raro, fuera de alcance", reseñó A.W. Maldonado en aquel momento. Arrancó la campaña con 8% de desventaja y la culminó perdiendo por 0.2% en un recuento plagado de irregularidades y sospechas.

Mantuvo activo al Partido Popular en los cuatro años subsiguientes. Asumió la presidencia del Partido Popular, entonces ocupada por Miguel Hernández Agosto desde 1978. Institucionalizó la organización del Partido, creando el Fondo de Acción Popular para crear una fuente recurrente de ingresos, el Instituto de Educación Democrática para educar al liderato, y cautivó a los populares con la Revolución de la Esperanza. Al llegar las elecciones de 1984, prevaleció sobre Carlos Romero Barceló por 53,750 votos. Aquellas tres elecciones entre Hernández Colón y Romero fueron un

camino "tenso y difícil", reconocería Romero el 3 de mayo de 2019, pero lograrían, "en el plano personal, una relación de amistad y mutuo respeto".

"El gobernador electo en 1984 fue un hombre diferente del que había triunfado en 1972", concluyó Sila M. Calderón. "Era mucho más fuerte en su carácter y al mismo tiempo, más sensible y considerado en su trato personal." Prometió enfocarse en la creación de empleos y mejorar la situación económica de los puertorriqueños, relegando el asunto de estatus a un segundo plano. Logró salvar la sección 936, bajo amenaza del presidente Reagan. Según A.W. Maldonado, "el consenso fue que su segundo término fue un éxito". Como destacó el exgobernador Alejandro García Padilla, en ese periodo, "Hernández Colón logró el mayor crecimiento económico que ha visto Puerto Rico desde la década de 1970 hasta nuestros días, sin necesidad de obras faraónicas ni endeudamientos irresponsables. Solo Japón superaba en crecimiento económico a Puerto Rico".

Revalidó en 1988, y convocó a los líderes de oposición para impulsar en conjunto legislación federal conducente a un plebiscito vinculante entre la estadidad, la independencia y un Estado Libre Asociado mejorado. Como señaló José Nadal Power, "[a]unque el plebiscito que se impulsaba mediante el proceso de estatus de 1989-1991 nunca se materializó, fue en dichos años cuando más se logró avanzar una discusión seria sobre el estatus político". En fin, como sentenció el abogado independentista Eduardo Villanueva, "[f]ue lo más cerca que estuvimos de alcanzar un plebiscito vinculante".

En 1992 anunció su retiro del servicio público y rehusó aspirar a un cuarto término en la gobernación. Bajo nuevo liderato, el Partido Popular perdió las elecciones de 1992 frente a Pedro Rosselló. Orquestó una transición de poder que impactó a futuras generaciones por su dignidad. Como reseñó el gobernador Ricardo Rosselló, teniendo trece años notó "[l]o que fue su capacidad, que no todo el mundo la tiene, de que cuando llega el momento, pasarle el batón a otra persona".

Luego de entregar el poder en enero de 1993, salió con su esposa Lila para la isla de Mallorca en España, donde vacacionó hasta el verano. "Mallorca fue para mí una oportunidad para reflexionar sobre lo que habría de hacer durante la próxima etapa de mi vida", escribió cinco años más tarde. "Esa oportunidad de tomar distancia de lo que ocupaba mis días hasta entonces me permitió esclarecer mis prioridades, sobre todo las espirituales. Centrar la existencia en Dios es el secreto de llevar bien la vida." Al volver a Ponce, A.W. Maldonado le preguntó cómo se sentía. "Nunca en su vida, dijo, había estado tan feliz."

De 1993 en adelante, asumió el rol de hombre de Estado que le caracterizó hasta su muerte. Dictó conferencias y cursos en universidades, redactó varios libros y artículos y retomó su práctica privada como abogado. En 2003, falleció su esposa Lila, y contrajo matrimonio con Nelsa López el año siguiente.

Limitó su participación política a circunstancias especiales, como cierres de campaña o controversias internas de gran envergadura. Entre esas circunstancias especiales sobresale su intervención tres días antes del plebiscito de 1998, cuando ofreció un discurso que el presidente de la Cámara de Representantes del partido de oposición catalogó como "magistral" y que fue descrito en *El Nuevo Día* "como causante del resultado de la consulta" donde los puertorriqueños derrotaron la estadidad por segunda vez en cinco años.

A pesar de sus convicciones políticas, colaboró con líderes de la oposición anteponiendo los intereses de Puerto Rico sobre los de su partido. "Durante mi incumbencia en La Fortaleza, fue el pasado gobernador que en todo momento estuvo disponible ávidamente para compartir sus recomendaciones y experiencia", señaló Luis G. Fortuño. "Siempre lo hizo de forma totalmente desinteresada y sin deseo de protagonismo o reconocimiento." Para el gobernador Rosselló Nevares también "fue una de las primeras personas que se puso a mi disposición".

Hernández Colón mantuvo incólume su fe en el Estado Libre Asociado y el Partido Popular Democrático hasta el final de sus días. En su última publicación legal, abogó por cambios a la relación actual que impidiesen el secuestro de gobierno propio que representó PROMESA. Pero como señaló Jorge Colberg Toro, "Hernández Colón fue un autonomista pragmático". En su último mensaje a los populares el 22 de julio de 2018, conmemorando los ochenta años de la fundación del Partido, explicó que:

> Estamos y vamos a estar bajo el Estado Libre Asociado y bajo la Junta de Supervisión Fiscal hasta que se produzcan cuatro presupuestos balanceados que paguen nuestra deuda reestructurada y que recuperemos el crédito en los mercados financieros.

Estaba convencido de que Puerto Rico no podría iniciar un proceso de autodeterminación hasta que superase la crisis fiscal y económica que padecía.

En noviembre de 2018 fue diagnosticado con leucemia. Batalló hasta su muerte el 2 de mayo de 2019 a los ochenta y dos años.

Rafael Hernández Colón en su último mensaje público en ocasión del
80 aniversario del Partido Popular Democrático el
22 de julio de 2018

Introducción

La vida como vocación del ser[*]

Héctor Luis Acevedo[†]

Hoy se nos apaga una luz que alumbró nuestros caminos por décadas, pero con los destellos de su recuerdo y el eco de su ejemplo se abren los rumbos del mañana.

Rafael Hernández Colón construyó a fuerza de mucho empeño una escuela de vida forjada con su especial sentido del deber, sus principios, su visión y sus acciones para hacerlos realidad.

Un líder dibuja su legado a través de sus mensajes de vida. Esos mensajes son semilla de entendimiento e inspiración a las generaciones del mañana. Requiere pensamiento, escoger prioridades, asignar lemas y motivar con ejemplos que ilustren su contenido. Y ese contenido tiene que estar avalado por acciones concretas que les brinden concreción e historia a las palabras para que no se las lleve el viento.

Winston Churchill preguntaba con fino entendimiento:

¿Valió la pena todo ese esfuerzo? El único guía para un hombre es su conciencia, el único escudo a su me-

---

[*] Mensaje de despedida de duelo dado el 4 de mayo de 2019 en la Catedral de Ponce.

[†] Secretario de Estado (1985-1988); alcalde de San Juan (1989-1996).

moria es la rectitud y sinceridad de sus acciones. Es muy imprudente caminar la vida sin ese escudo, pues nos enfrentamos frecuentemente al fracaso de nuestras esperanzas y los errores de cálculo; pero con ese escudo, sin embargo, los destinos que creamos siempre marchan en los caminos del honor.

Luego de trabajar con él por más de cuatro décadas me atrevo a esbozar unas expresiones sobre las esencias de su ser, aunque sabemos que siempre queda en su perfil un rincón de misterio. ¿Qué contornos definen su mensaje de vida?

Su sentido del deber

Amaba la profesión legal como nadie, sembrada por el ejemplo de su padre y por su mente jurídica. Pero su vocación por el deber le condujo a los caminos del servicio público y la política. Al ser invitado a ser secretario de Justicia y cerrar su práctica de abogado sentenció con fuerza de historia:

> La decisión de aceptar este cargo ha sido para mí sumamente difícil. A los buenos amigos que me aconsejaron en la negativa, tengo que agradecerles su sincero interés por mi bienestar personal. Pero llega el momento en la vida de los hombres en que las convicciones ideológicas tienen que ser respaldadas por sacrificios personales; o dejan de ser convicciones o se deja de ser hombre.

Y así fue. Le vimos una y otra vez decidir en contra de su persona, sacrificar lo propio por las causas grandes de Puerto Rico. El derecho era su vocación natural, la primaria, la política era la vocación del deber, donde se forjan realidades con la magia de que con un solo acto se tocan miles de vidas.

Sus grandes logros merecen recordarse pues cada uno representó un gran esfuerzo donde sus cualidades de profundidad y pensamiento estratégico fueron decisivas:

- la creación de las empresas 936 que en la hora de mayor necesidad trajeron trabajo a miles de puertorriqueños, su defensa,

- el conseguir el financiamiento del programa de cupones de alimentos e implantarlo en Puerto Rico,

- la legislación sobre el Comité Olímpico y su albergue, los derechos del elector y las primarias obligatorias,

- los derechos de la mujer a coadministrar los bienes de su matrimonio,

- la iniciativa de estatus por consenso, la batalla para sacar la Marina de Culebra, la defensa de nuestra cultura y la afirmación puertorriqueña,

- la Ley de Municipios Autónomos, Ponce en Marcha y la rehabilitación y reconstrucción de Ballajá y el Viejo San Juan,

- y la presencia internacional de Puerto Rico, la Gran Regata, el Pabellón de Sevilla y tantas otras.*

Entre sus cualidades más importantes y menos publicadas era su tiempo para pensar y profundizar más allá de las primeras impresiones. El penetrar en la dinámica de las circunstancias y sus actores. Forjar una idea de la misión para conseguir ese ideal y trabajar de manera organizada para hacerla realidad. A eso hay que dedicarle tiempo vital.

---

* Entre las cuales se encuentran la creación del Centro Cardiovascular de Puerto Rico y el Caribe y la campaña Atrévete que inscribió a más de 230,000 puertorriqueños en Estados Unidos.

Viniendo de un padre estadista y una madre independentista transitó sus propios caminos y forjó su pensamiento autonomista fruto de su entendimiento. Su entorno invitaba a la tolerancia y al respeto a los principios. Cuidó de su familia con esmero y especial devoción. Supo amar y supo ser amado. Le agradecemos a doña Lila, a sus hijos y nietos y a Nelsa López el haberlo compartido con Puerto Rico y cuidado y quererlo como lo quisieron.

Hoy se une a Power y Giralt, a Baldorioty de Castro, a Muñoz Rivera y a Muñoz Marín en el infinito como patriota y como prócer autonomista.

Su sentido de organización

Estar al lado de Hernández Colón era respirar organización; de su tiempo, sus hábitos, su alimentación, sus prioridades. Se organizaba para sus objetivos. No dejaba mucho a la improvisación.

Un día, como en septiembre de 1984, lo vi frente al Capitolio con Pepito Rivera Janer por la mañana. Cuando me acerqué estaban discutiendo la toma de posesión de enero del siguiente año. No lo podía creer: "la soprano debe ir aquí, no te olvides de dónde los vas a sentar". Dios mío; yo no había contado los votos y ya estaba en la toma de posesión.

En medio de la batalla de la defensa de los empleos de las empresas 936, el apoyo de Dan Rostenkowski, presidente de la Comisión de Medios y Arbitrios de la Cámara de Representantes de Estados Unidos, y que era de Chicago, estaba tambaleándose con las presiones que estaba recibiendo.

El gobernador se ideó enviar a nuestro mejor hombre en operaciones de campo, Rubens Luis Pérez, a Chicago y encargarle que organizara un esfuerzo de enviarle semanalmente 936 cartas al congresista de sus constituyentes boricuas apoyando las fábricas. Rubens estuvo destacado varios meses allá y montaron un operativo supervisado por el gobernador con programas de radio, etc.

Un día el congresista se encontró al gobernador en una actividad y le dijo no muy amablemente: "*quit your damn 936 letters*". Mensaje recibido. Nos ayudó. Claro, no había forma de saber cuál carta es sobre qué tema y se estaba volviendo loco con tanta carta. Eso es organización.

Su sentido de disciplina

Luego que establecía un objetivo, hacía un presupuesto de tiempo y recursos para alcanzarlo, e iba con toda la fuerza de su espíritu. Se sacrificaba con ejemplar dedicación y disciplina en cumplir los calendarios y así mismo lo exigía a sus colaboradores.

En una ocasión me pidió un jueves dos estudios. Cuando le pregunté para cuándo los deseaba, me dijo: "los necesito para mañana". Exclamé: "¿para mañana?" Y me dijo: "¿tú sabes cuántas horas hay de ahora hasta mañana?" Me amanecí y cumplí. Lo vi a él hacer lo mismo.

En 1980 estructuramos un plan para que como candidato Rafael Hernández Colón se quedase a dormir en la casa del líder de cada pueblo. Hernández Colón protestó, pues él tenía una condición en la espalda que se podía afectar con ese programa. Insistí y respirando fuerte me dio un mes de prueba.

Al mes, el cambio de su percepción era increíble. De una persona distante como decían los anuncios de la oposición de 1976 a una persona de detalles, sencilla y de buena conversación. Claro, al único que le dolía la espalda era a él, pero aun con sus renuencias cumplió.

Al siguiente año cuando se "perdieron" las elecciones de 1980 no hubo un solo líder local que no lo respaldara de nuevo. Siempre he pensado que la jalda victoriosa de 1984 encontró en parte su semilla en el sacrificio y disciplina de su candidato en 1980.

Separa tiempo para lo importante

En el ejército nos enseñaban la norma de concentrar tu fuego en un solo objetivo. Rafael Hernández Colón es un maestro de esta tradición. Lo vi hacerlo con la defensa de las empresas 936. Delegaba otras funciones para dedicarle tiempo sin límites a cada detalle de esa batalla. Recibía a cada congresista. Le daba seguimiento a cada llamada, conversaba con Charles Rangel, el senador Moynihan y el almirante Diego Hernández frecuentemente y nos empujaba sin perdón al máximo de nuestras encomiendas. Así se salvaron esos empleos en los 80.

Le dedicaba tiempo para pensar las ideas fundamentales y los lemas de los discursos importantes para lograr comunicarlas con efectividad. Conocía que no tenía la poesía de Muñoz y acentuaba sus virtudes propias como lo era la meticulosidad de su investigación. En adición se trajo a cargo de la correspondencia al poeta y servidor público Enrique Rodríguez Santiago, el cual hizo un trabajo espectacular.

Cuando uno lee su tesis de "Puerto Rico: Territory or State?", se da cuenta de que la profundidad del análisis y la elocuencia de sus fundamentos es otro tipo de poesía.

Hay que tener visión de los objetivos grandes

Un líder tiene que saber a dónde desea llevar su gente y la historia. Ese sentido de estrategia en grande es vital para conducir con dirección. Si no, uno se puede perder en los detalles y en las cosas urgentes que a la larga tienen importancia menor.

Hernández Colón convocaba al plan grande: "¿a dónde

vamos con eso?", "no pierdan el foco de lo que es realmente importante", "no se desvíen del objetivo". Tiempo para pensar en grande y elaborar un plan, escribirlo, y tener valor para realizarlo. Hernández Colón se atrevía. No provocaba la confrontación, pero no la rehuía si era en servicio de una causa mayor.

En 1972 decidió cambiar la posición del PPD en la redistribución electoral arriesgando dos escaños del Senado y cinco en la Cámara de Representantes al consolidar el distrito de Aguadilla que dominaba su partido. Pero había causas mayores. Las elecciones y el valor del voto igual en Puerto Rico. Lo vi ir a Aguadilla a darle la cara a un motín con gran riesgo a su persona. El pueblo entendió y hasta ganó Aguadilla y el respeto de muchos. Eso de gallito que no se huye es solo un buen lema si viene acompañado de una verdad.

Lo vi defender su gente y asumir posiciones poco simpáticas en defensa de un principio o una amistad. Eso de ser líder envuelve riesgos. Cuando lo llevé a sitios de alta criminalidad días antes de las elecciones en 1988 su jefe de escolta por poco me mata, pero él decidió ir sin titubear. A la hora de la verdad: presente.

En 1969, cuando asumió el liderato en adición a la presidencia del PPD, marcó con sus palabras este principio:

Si se me encomienda la presidencia de este partido, habré de ejercer los poderes que me sean conferidos con determinación firme, pero, también, con la prudencia del que está consciente de sus propias limitaciones. Si recae sobre mí la responsabilidad, habré de desempeñar mis funciones con el asesoramiento y el consejo de mis compañeros de la Junta de Gobierno, y de todos aquellos que han dedicado sus vidas al servicio de este pueblo y de este gran partido político, así como también a nuestra causa.

Pero quiero que algo quede bien claro en la mente de todos ustedes: Si mía ha de ser la responsabilidad, mías también han de ser las decisiones. Cuando cometa errores, seré yo quien rinda cuentas a ustedes personalmente.

Pero en estos momentos, la responsabilidad es de ustedes, mis compañeros delegados. En sus manos está el futuro de nuestro partido y, por ende, el futuro de todos los puertorriqueños. Hoy ustedes colocarán a un hombre ante la historia, y la historia habrá de juzgarlo y al así hacerlo, los juzgará también a todos ustedes. La responsabilidad queda ahora en ustedes, yo asumo la mía, y respondo presente.

En el principio fueron los griegos quienes nos guiaron el camino del pensamiento democrático al estimar que el ser más valioso y virtuoso era aquel que dedicaba su quehacer a la ciudad, a su entorno de vida colectiva.

He sido testigo de vivencias que han sido lecciones de vida que son un tributo a sus esencias y a su legado. Este es mi testimonio de algunas de ellas.

"Un sol con luz propia no le teme a otros soles"

Esta frase acuñada por Rubens Luis Pérez describe una cualidad suya de seleccionar al mejor personal sin temor de perder el protagonismo. Sus asesores en el Senado y su gabinete reflejaron esta cualidad de buscar el mejor talento sin segundos pensamientos y eso es un rigor indispensable para servirle bien a Puerto Rico.

Sin rencores

Recuerdo en 1980 cuando Federico Hernández Denton y

yo teníamos la encomienda de buscar un secretario de prensa. El mejor candidato era Ismaro Velázquez sin duda. Sin embargo, él había escrito un libro sobre Muñoz y Sánchez Vilella muy crítico de Hernández Colón y no nos atrevíamos ni a mencionar su nombre. Luego de varios días, incluimos el nombre dentro de varias alternativas pensando en lo que nos venía de respuesta. Grande fue nuestra sorpresa cuando de inmediato dijo: "el mejor es Ismaro y díganle que se venga aquí a Belén a trabajar en vez del comité para que esté más cómodo y podamos trabajar más de cerca". Le recordé el libro y me dijo que no le daba importancia a esas cosas del pasado. Y así fue; Ismaro no lo podía creer. Se hizo un trabajo de excelencia producto de una sabia decisión. La nobleza obliga.

¡Ahí viene el rey!

La visita de los reyes de España fue la culminación de años de esfuerzos, planes y preparativos. Cuando llegaron, nuestro pueblo se tiró a las calles, y cuando miraban las miles de personas que se veían desde el Morro, sentía el orgullo de ser partícipe de la puerta de la historia que Hernández Colón había abierto. El ver nuestra bandera junto a la de España y Estados Unidos, con dignidad y altura de miras, fue un momento en nuestras vidas sin par a la que su mano amiga y consecuente nos condujo. El orgullo de un pueblo pequeño, pero grande en su justicia y entendimiento era igual que otros "en las astas de la libertad".

"En Puerto Rico los gobernantes no les dan órdenes a los músicos"

Cuando fui secretario de Estado, tuvimos bajo la dirección de Hernández Colón uno de los períodos más activos de relaciones internacionales en nuestra historia. Sus relaciones con los presidentes de República Dominicana, Costa Rica, Venezuela e islas del Caribe Oriental demostraban su calidad de hombre de Estado y su profundidad de entendimiento del potencial de Puerto Rico.

En un viaje a la República Dominicana, el presidente dominicano tenía al coro de la Fuerzas Armadas en un piso superior donde no se veían. Cuando entramos empezaron a cantar "La Borinqueña". Vi en su rostro la emoción intensa de ese sentimiento el cual no puede describirse "porque su energía está en vivirse".

Esa noche en la recepción llevamos al *Topo* Cabán Vale, quien estuvo fenomenal. Luego de cantar "Verde Luz", el Dr. Francisco Peña Gómez se le acercó y le dijo: "Rafael, instrúyele a que la toque de nuevo", y el gobernador le dijo: "vamos a pedírselo a ver si nos complace, porque en Puerto Rico los gobernantes no les dan órdenes a los músicos". El Dr. Peña se disfrutó la frase tanto como el *Topo*.

Yo confío en ti

Cuando me nombró en 1976 procurador electoral, yo le expresé mis reservas por mi falta de experiencia. Me dijo yo confío más en el talento que en la experiencia, y yo confío en ti. Cuando me asaltaban dudas en el camino siempre pensaba en esa expresión de confianza y cómo honrarla. Una vez algo similar sucedió con Carmencita cuando la seleccionó para dirigir los trabajos de una actividad. Esa confianza ha sido siembra en los corazones de muchos seres de esta tierra.

Rubens

En las gestas electorales conocimos a un ser entregado a nuestras luchas y Hernández Colón le tomó especial cariño. Un día me informaron que estaba nuevamente hospitalizado. Decidí llamarlo. Esa misma tarde lo visitó en el hospital. Y todas las semanas hasta que partió lo continuó visitando. Eso es amistad.

El pensador argentino José Ingenieros nos brinda una reflexión muy pertinente para el día de hoy:

> Nuestra vida no es digna de ser vivida sino cuando la ennoblece una idea.

> La vida vale por el uso que de ella hacemos, por las obras que realizamos. No ha vivido más el que cuenta con más años, sino el que ha sentido mejor un ideal. La medida social de un hombre está en la duración de sus obras. Vivir es aprender para ignorar menos, es amar para vincular a una parte mayor de la humanidad.

La vida y las obras de Rafael Hernández Colón son semillas para el entendimiento. Pasará el tiempo y al leer sus escritos, recordar sus ejemplos y emular sus legados, vivirá en nosotros por siempre. Los buenos maestros nunca dejan de enseñar.

En una ocasión, don Luis Muñoz Marín expresó que: "las almas grandes no tienen uso para sí mismas. Las almas grandes no tienen uso personal. Tienen uso representativo de los propósitos desinteresados y creadores a los que su propia luz las dedica".

Siento que el testimonio de vida comprometida con Puerto Rico de Rafael Hernández Colón le hace honor a ese pensamiento. Ayer como hoy, su caminar por nuestra historia es la de una vida con convocatoria del ser y una vida con mensaje.

Misión cumplida gobernador.

Testimonios

Todos estaremos relatando su historia

Ricardo Rosselló Nevares*

No estoy aquí meramente como gobernador. Estoy aquí como esposo de una mujer que admiraba a don Rafael. Estoy aquí como hijo de un padre que lo llamaba amigo. Estoy aquí como un ciudadano que fue forjado por muchas de las decisiones y acciones que tomó.

Hoy le damos la despedida a lo que sin duda es uno de los más grandes líderes, y lideres de mayor envergadura, en la historia de Puerto Rico. Es un ícono puertorriqueño; es un tesoro de nuestra isla.

Hoy, además de ello, no nos podemos olvidar que perdemos a un padre, a un esposo, a un abuelo, a un amigo, a un compañero de trabajo, a un consejero.

Hace no mucho tiempo, estábamos aquí en este mismo recinto recordando la memoria de otro compañero. Y por allá, al final de esa actividad, estaba don Rafael, esperando a que la gente se moviera. Y como tenía una tendencia de hacer, se acercó a mí cuando el momento era propicio y me dijo unas muy breves palabras. Me dijo, "me gustó tu mensaje porque hablaste del corazón". Eso fue lo único que me

---

* Gobernador de Puerto Rico.

35

dijo. Así que permítanme, los que están aquí hoy, tratar de honrar su memoria intentando de hacer lo propio: de recordar cómo este hombre ha impactado a muchos. Pero quiero hablar desde la perspectiva muy personal, desde los lentes míos, cuál fue el impacto que Rafael Hernández Colón tuvo en mi vida.

Si bien es cierto que nací bajo la incumbencia de un gran gobernador y líder, don Carlos Romero Barceló, quien lo ha demostrado hoy con sus palabras, no es menos cierto que mi memoria y mi consciencia política y de liderato comienza a establecerse con la figura de don Rafael Hernández Colón. Ahí es que yo prendo la televisión y puedo ver un hombre que da la dirección. Hablaba con firmeza conceptos que se estaban cristalizando en aquel momento y qué mejor ejemplo para poder verlos.

Y a lo largo de esos años formativos en la primera fase, ocurre algo que nunca había anticipado yo previamente, y era que el padre mío se iba a convertir en gobernador también. Y para mí ese fue un momento de mucha importancia. Porque yo pude ver de primera mano y en primera fila lo que era el amor de Rafael Hernández Colón por la democracia. Lo que fue su capacidad, que no todo el mundo la tiene, de que cuando llega el momento, pasarle el batón a otra persona. De que inclusive cuando esa persona no pensaba igual a él, su respeto y admiración por la democracia era de tal forma que iba a hacer todo lo posible para viabilizarlo. Ahí tuve yo dos de los mejores ejemplos que pude haber tenido desde ahí en adelante.

Mi padre tomó la iniciativa de culminar obra que había comenzado el gobernador Hernández Colón y de poner en marcha algunas que había ideado en sus últimos años y meses en la administración. Todos espero recordemos aquel momento histórico cuando se abría el Teodoro Moscoso, donde dos gobernadores de distintos partidos se juntaron para abrir una obra que era para beneficio del pueblo de Puerto Rico. Ese ejemplo siguió solidificándose después cuando crecía en adolescencia, qué significa ese pase de batón; lo importante que es la democracia, cuando vemos que apenas 500 millas de Puerto Rico no se respetan esos mismos principios. Aquí, gracias a líderes como Hernández Colón, se respetan y se valúan.

Pude ver también en los años subsiguientes como uno no necesita una posición electiva, como uno no necesita aferrarse del poder para poder hacer cambios positivos para Puerto Rico. Para mí, en esos años importantes de formación, él cristalizó lo que era un hombre de Estado. Se insertaba en los asuntos que entendía eran importantes y convencía con el peso de sus argumentos y con la convicción de sus pensamientos. Y finalmente, desde una posición muy privilegiada que el pueblo me permite hoy ostentar, llegué a ser gobernador al igual que él. Al igual que recalca el gobernador Fortuño, una de las primeras personas que se puso a mi disposición posterior a ese evento fue el gobernador Hernández Colón.

Me redactó varias cartas que todavía guardo, pues como bien decía José Alfredo, sí, él daba instrucciones, pero a veces también estaban escondidas en la sabiduría de sus escrituras. Un tanto a veces se olía lo que estaba por venir y me adelantaba con una carta algunos consejos, de una manera muy escueta, que posterior en mi ejecución podía utilizar.

Para mí, Hernández Colón ejemplificó liderato, compromiso con su pueblo, capacidad, pero sobre todo un hombre ejemplar, de familia —un esposo, padre, un abuelo.

Hoy venía en el avión, por la madrugada, reflexionando sobre la vida de nuestro gobernador Hernández Colón. Tenía mis audífonos puestos y mientras reflexionaba, sale una canción de la obra de *Hamilton,* que plasma una consideración bien importante. Uno puede trabajar, uno puede echar hacia adelante, pero tú no controlas quién escribe tu historia. Pues don Rafael, yo estoy aquí para decirle, ante su familia y su pueblo; que esos jóvenes que lo vieron ejercer el poder de manera correcta estarán relatando su historia; que esos adversarios que dieron las más grandes batallas, pero que demostraron respeto, estarán relatando su historia; que esos familiares que tanto lo querían y le apreciaban estarán relatando esa historia; que ese pueblo que vimos su sacrificio y convicción, todos estaremos relatando su historia.

Don Rafael, hoy lo despedimos físicamente. Pero el "gallito que no se juye" siempre estará presente en las mentes y corazones del pueblo puertorriqueño.

Siempre de frente

Thomas Rivera Schatz[*]

Hoy Puerto Rico amanece con la triste noticia de que falleció el exgobernador y expresidente del Senado, el amigo Rafael Hernández Colón. Una figura que por su trayectoria política, provocaba el respeto de todos los sectores del país sin importar la ideología política.

Tuve el inmenso privilegio de compartir en un sinnúmero de ocasiones con don Rafael y aunque si bien es cierto que no en todo estábamos de acuerdo, como él decía desde distintas "trincheras", siempre fue un hombre muy recto, honesto, cordial, respetuoso y receptivo. Siempre fue de frente incluso contra su propio partido por defender las causas en las que creía.

Tanto en mi primera presidencia como en la actual tuve el inmenso placer de compartir con don Rafael reconociendo así su trayectoria y grandes aportaciones para el país. Algunas de las actividades en las que este Senado le reconoció fue cuando inauguramos la Galería de los Gobernadores, tomamos sus consejos en la Primera Cumbre de Legisladores Municipales y la primera Comisión Total que cele-

---

[*] Presidente del Senado.

bramos en Ponce en el cuatrienio de 2009–2012. Por solo mencionar algunas.

Hoy hago muy mías las palabras que dijo don Rafael cuando juramentó como presidente del Senado en el 1969:

> Este Senado será baluarte impenetrable, ciudadela infranqueable de todo embate contra la puertorriqueñidad. Pero, además de defensor, el Senado será a la vez promotor y propulsor de lo puertorriqueño . . . con un sentido natural y fecundo de un pueblo que unido a otro con lazos permanentes de ciudadanía común y de entendimiento democrático, se enorgullece a sí mismo.

Así fue y así será.

Gran pérdida para Puerto Rico

Carlos *Johnny* Méndez Núñez*

Puerto Rico ha sido bendecido con un caudal de extraordinarios seres humanos que han forjado el destino de esta amada isla por los pasados cinco siglos. Entre estos pilares del pensamiento humano se destacó el gobernador Rafael Hernández Colón. No cabe la menor duda que don Rafael fue una figura trascendental en el desarrollo de nuestra sociedad moderna.

Recientemente tuve la oportunidad de repasar parte de la trayectoria de este gran ponceño. Fueron muchos los logros que alcanzó para Puerto Rico durante casi sesenta años de vida en el servicio público. También hubo algunos desaciertos, pero estos siempre fueron motivados por un norte: alcanzar el potencial que tiene nuestro pueblo.

En los pasados meses sostuve una serie de reuniones con don Rafael, en las cuales siempre terminaban con un consejo, con una sugerencia para mejorar. Así era él, Puerto Rico estaba sobre todo.

Uno de sus más grandes aciertos fue el empoderamiento de los municipios.

La Ley de Municipios Autónomos, aprobada en 1991, es la zapata para el desarrollo los ayuntamientos. También es una

---

* Presidente de la Cámara de Representantes.

de las leyes más abarcadoras y perdurables en nuestra historia y será parte de su gran legado a las futuras generaciones.

Una de sus mayores pasiones fue el tema del estatus político y, aunque diferimos de su postura en este asunto, se tiene que reconocer el apasionamiento y tenacidad con lo cual promovía sus puntos. Su contribución a la discusión pública de este vital asunto no se suscribió únicamente a un puesto o posición. Don Rafael continuó abogando por su postura de estatus hasta casi sus últimos días.

Todos recordamos sus pronunciamientos en los últimos años. Los realizados en 2011, 2015 y el 2018 —apenas hace unos meses— fueron, como todo lo que hacía, bien desarrollados y con lujo de detalles. Ese deseo de mejorar el terruño borincano que lo vio nacer hasta el final es algo que debe ser emulado por todos.

Rafael siempre trabajó para un mejor Puerto Rico. Nuevamente, podemos diferir de sus conceptos e ideas, y en muchas ocasiones combatirlos, pero jamás de la verticalidad con la cual los articulaba. Rafael era ese singular miembro de la clase política que decía lo que verdaderamente creía.

Conocíamos de su delicada condición de salud, pero él, como siempre fue su costumbre, luchó hasta el final. Nunca dejó ver que esto le afectara. Eso precisamente fue parte de su carácter.

Sus debates con otro gran puertorriqueño y exgobernador, don Carlos Romero Barceló, han sido y continuarán siendo materia de estudio por lo detallado de los mismos, al igual que por la fogosidad con la cual ambos defendían sus puntos.

Puerto Rico hoy pierde a una de las figuras más relevantes en toda su historia. Nos corresponde a nosotros seguir ese ejemplo. El trabajo y la obra que hizo por Puerto Rico es el mayor tributo que podemos brindarle a la familia de don Rafael.

Rafael Hernández Colón en su juramentación como secretario de Justicia

El jurista gobernador o el gobernador jurista

Maite Oronoz Rodríguez[*]

Ayer nos sorprendió el día con la noticia de su fallecimiento. De repente fue como si el sol brillara menos y esta
tierra nuestra, que se estremeció la noche antes, se estuviera
preparando para recibirle.

Soy la jueza presidenta del Tribunal Supremo de Puerto
Rico. Soy quien siente que con la partida física de Rafael
Hernández Colón, se le pone punto final a la palabra ilustre.
Soy también la hija de una madre que pierde a un mentor, a
un compañero de trincheras y a un hermano. Soy además la
joven, y luego la adolescente, que viví como una extensión
de mi día a día, conversaciones de política pública, el diseño
de estrategias de comunicación, el manejo de una votación
legislativa compleja y ambiciosa, el furor y fragor de la crisis
del momento, el ánimo reformista y valiente que exigían los
tiempos.

Mucho se hablará en estos días sobre la vida y legado de
Rafael Hernández Colón. Secretario de Justicia, el gobernador
más joven en nuestra historia, presidente del Senado.

---

[*] Jueza presidenta del Tribunal Supremo de Puerto Rico.

Sus amigos, correligionarios y adversarios políticos comparten el parecer de que fue un hombre de Estado. Pero no vengo esta mañana a recordarlo como el político o como el servidor público que conocí de joven. Vengo a honrarlo como lo que también fue: un gran jurista. Un gran jurista cuyas aportaciones nos acompañarán siempre, porque el que escribe un libro, ese es quien verdaderamente escribe la historia. Y Rafael Hernández Colón, el abogado, escribió, no uno, sino varios libros que ya son parte de nuestra historia y en especial de nuestro derecho civil puertorriqueño.

En 1961, Rafael Hernández Colón asumió la cátedra del curso de Procedimiento Civil en la Escuela de Derecho de la Universidad Católica de Ponce. Desde entonces, su vida quedó entrelazada con esta área del derecho. La publicación de seis ediciones del tratado de *Derecho Procesal Civil Puertorriqueño*, deberían bastar para convencernos de su extraordinaria aportación al quehacer de la justicia en nuestro país. Siempre estudioso. Siempre al día. Siempre con rigor jurídico y certeza profunda en la crítica bien intencionada.

En más de una ocasión se ha dicho que Rafael Hernández Colón es el autor más citado por el propio Tribunal Supremo en nuestras opiniones sobre asuntos procesales de naturaleza civil. No me sorprende. Así de importante es su obra para todos nosotros, los jueces y juezas de Puerto Rico, y para todos los abogados y abogadas y estudiantes de leyes de nuestro país.

En 1964, el profesor Rafael Hernández Colón dejó la cátedra y abrazó el servicio público. Pero no se alejó de las leyes. Se convirtió en secretario de Justicia, para desde ese noble cargo de abogado del pueblo, "asumir la defensa de los intereses del pueblo que merece ser servido". Ese fue el comienzo de su larga vida de hombre de Estado, vida que siempre estuvo cercana o más bien consciente, de la importancia que tiene el derecho en la vida de la gente. Esa gente que siempre quiso servir.

Años después en 1974, propuso una reforma abarcadora de la justicia. Desde entonces apoyó la creación de un tribunal intermedio, lo cual logró en 1992, al proponer y firmar la ley que creó el Tribunal de Apelaciones. Insistió en la necesidad de que la justicia sea rápida y que haya acceso para todos y todas, promovió la educación continuada de jueces y juezas, hizo hincapié en las obligaciones de los abogados hacia sus clientes y destacó el cumplimiento con las reglas de procedimiento civil como herramienta para la disposición oportuna de los casos, entre muchas otras observaciones y comentarios.

Su amor por la justicia y el hecho de que nunca dejó de amar el derecho se develan en su legado como gobernador. A Rafael Hernández Colón debemos la Ley 54 para la Prevención de la Violencia Doméstica, a él le debemos también la Ley de Ética Gubernamental, la Ley de la Oficina del Fiscal Independiente, la creación de la Oficina del Veterano, la Ley para Garantizar la Igualdad de Derecho al Trabajo, la Ley para la Creación de la Comisión para el Mejoramiento de los Derechos de la Mujer, la revisión del Código Civil en el área de persona y familia que reconoció derechos a las mujeres casadas igualándolas a sus esposos, la Ley que Prohíbe el Discrimen por Sexo, la Ley para Prohibir el Hostigamiento Sexual en el Empleo.

En fin, el jurista gobernador o el gobernador jurista que fue Rafael Hernández Colón, deja una huella gigante en el campo de los derechos humanos y la justicia en Puerto Rico.

A los jueces y juezas nos dijo que "tenemos que declarar un NO HA LUGAR al discrimen, al prejuicio, al hostigamiento, a la opresión en contra de la mujer, en dondequiera que estas aparezcan". A ese hombre recordamos en esta mañana. A ese amante del derecho hacemos reverencia todos los abogados y abogadas de Puerto Rico que reconocemos y apreciamos su contribución a la profesión que amamos.

Como jueza presidenta del Tribunal Supremo de Puerto Rico, y a nombre de todos los jueces y juezas asociadas de este Tribunal y de todos los jueces de Puerto Rico, repito en su honor, las palabras que el propio Rafael Hernández Colón pronunciara en un discurso en homenaje a don Luis Muñoz Marín en el año 1968:

> Nada que podamos decir en este acto puede añadir a la grandeza de su figura. Porque como se dijera sobre otro hombre ilustre:

> La vida del hombre a quien honramos hoy es única. Los de mayor edad entre los que se encuentran aquí... nada pueden recordar que pueda compararse con ella, y los más jóvenes entre nosotros, por mucho que logremos vivir, jamás veremos de nuevo algo que se le parezca.

Rafael Hernández Colón, descansa en paz. Siempre vivirás entre nosotros.

Rafael Hernández Colón y el senador Edward Kennedy

FAMILIARES DEL EXCELENTÍSIMO SEÑOR
RAFAEL HERNÁNDEZ COLÓN
EXGOBERNADOR DEL ESTADO LIBRE ASOCIADO DE PUERTO RICO

DE SUS MAJESTADES LOS REYES DE ESPAÑA

HEMOS SENTIDO MUCHO EL FALLECIMIENTO DE DON RAFAEL Y
QUEREMOS TRASLADAR A TODA LA FAMILIA NUESTRO MÁS
SENTIDO PÉSAME. NUNCA OLVIDAREMOS LAS OCASIONES QUE
TUVIMOS LA OPORTUNIDAD DE COMPARTIR Y LA SINCERA AMISTAD
CON QUE NOS DISTINGUIÓ.

EN ESTOS MOMENTOS TAN TRISTES, LES EXPRESAMOS TODO
NUESTRO AFECTO.

FELIPE R.   LETIZIA R.

Un gran líder puertorriqueño

Carlos Romero Barceló[*]

Lamento, como también lamenta la inmensa mayoría de nuestro pueblo, la muerte de un gran líder puertorriqueño que fue mi adversario político durante varias décadas. Pero en ese camino, que en ocasiones fue tenso y difícil, logramos, en el plano personal, una relación de amistad y mutuo respeto.

Puerto Rico tiene que reconocer, como lo ha hecho nuestro gobernador, el liderato de Rafael Hernández Colón y su extraordinaria contribución a nuestra vida política. Como es natural en estas gestas, tuvo que enfrentarse a grandes luchas internas y extraordinarias, las cuales le permitió mostrar su temple y gallardía.

Reciba su hija Dorita y sus hijos, Juan Eugenio, José Alfredo y Rafael, así como su viuda Nelsa y demás familiares, un fuerte abrazo solidario del adversario político que reconoce la calidad humana del amigo y buen puertorriqueño Rafael Hernández Colón.

---

[*] Gobernador de Puerto Rico (1977–1984).

Siempre me honró
con su amistad

Pedro Rosselló[*]

Puerto Rico perdió hoy uno de los grandes líderes políticos puertorriqueños del siglo XX. Don Rafael fue, sin duda alguna, una de las grandes figuras políticas desde los años 1970 hasta el presente. Fue un brillante abogado que sentó pautas en el quehacer jurídico, legislativo y administrativo del Gobierno de nuestra isla.

Si bien diferimos en nuestras posturas políticas en cuanto al derrotero de prosperidad y progreso que debía seguir nuestro pueblo, siempre existió entre nosotros una estrecha relación de mutuo respeto y convicción de que ambos buscamos, en todo momento, lo mejor para el pueblo puertorriqueño. Siempre me honró con su amistad.

Que descanse en paz don Rafael Hernández Colón y que su legado quede plasmado eternamente en la historia de Puerto Rico para juicio de nuestras futuras generaciones.

---

[*]   Gobernador de Puerto Rico (1993–2000).

Un hombre excepcional

Sila M. Calderón[*]

Rafael Hernández Colón fue un hombre excepcional. El intelecto agudo, la profundidad de pensamiento, el carácter recio y la sensibilidad humana que se conjugaban en él, lo hacían una persona única. Lo conocí en 1973, siendo el gobernador más joven de nuestra historia y habiendo sido nombrada su ayudante especial. Fue la época en que Teodoro Moscoso y Guillermo Rodríguez Benítez regresaron al Gobierno a petición de él y cuando se configuró un gabinete de jóvenes secretarios y jefes de agencias. Esta administración estaba supervisada por la mano férrea del entonces coordinador de Programas de Gobierno y exsuperintendente de la Policía, Salvador Rodríguez Aponte.

Luego de su derrota electoral en 1976, y en los ocho años que le siguieron, Hernández Colón maduró su pensamiento político y agudizó sus destrezas administrativas. El gobernador electo en 1984 fue un hombre diferente del que había triunfado en 1972. Era mucho más fuerte en su carácter y al mismo tiempo, más sensible y considerado en su trato personal. En aquellos años fue un deleite trabajar con él, a

---

[*] Gobernadora de Puerto Rico (2001–2004).

pesar del reto que sus grandes exigencias significaban para su grupo de trabajo.

Comencé como voluntaria en enero de 1985, a petición de él, con el propósito de organizarle su cuerpo de ayudantes. Había decidido no tener coordinador de Programas de Gobierno, o *Chief of Staff*, como se conoce en inglés. A los cinco meses de mi colaboración, determinó que sí deseaba un coordinador de Programas de Gobierno y me designó como tal. Al tiempo creó por orden ejecutiva la posición de secretario de la Gobernación, la cual entonces ocupé. Más tarde en el cuatrienio, me nombró secretaria de Estado, concurrentemente con mis otras responsabilidades.

Durante cinco años, hasta finales de 1989, Rafael Hernández Colón y yo trabajamos hombro a hombro e incansablemente, en el servicio a Puerto Rico. Creo que hacíamos una buena combinación, siendo él un pensador erudito y yo, una ejecutiva puntillosa. Laborar con él fue una gran escuela. Combinaba sus conocimientos extensos de las políticas públicas con su sensibilidad personal ante el sufrimiento individual de aquellos a quienes gobernaba.

Siempre fue respetuoso con sus subalternos, aun en las ocasiones en que la molestia justificada lo embargaba por errores o falta de cumplimiento de sus ayudantes. Nunca lo sentí alzar la voz, ni tratar irrespetuosamente a nadie. Trabajar con él era un reto intelectual, del cual disfrutábamos todos los que conformábamos su equipo en la Mansión Ejecutiva.

Rafael Hernández Colón y yo tuvimos una diferencia que fue pública; pero nuestro aprecio y respeto pudo más y la amistad floreció a través del tiempo. Colaboró conmigo en mis esfuerzos políticos compartiendo sus conocimientos y sabios consejos. Siempre había sentido afecto hacia él, el cual compartimos por muchos años, junto a su esposa y familia.

Rafael Hernández Colón quiso a Puerto Rico fervientemente y con todas sus fuerzas. Deseó autonomía para su patria en conjunción con una relación digna con los Estados Unidos. El vacío que su voz deja será difícil de llenar, mas su recuerdo arderá siempre como una llama en los corazones de todos los que lo conocimos y respetamos. Honraremos su memoria empuñando la bandera de sus creencias y luchando para hacerlas realidad.

¡Gracias, Rafael, por tu servicio patriótico y entrega generosa a Puerto Rico!

José R. Nadal Power, José A. Hernández Mayoral, Aníbal Acevedo Vilá y
Rafael Hernández Colón en los pasillos del Congreso tras la aprobación
de la ley federal PROMESA en junio de 2016

Rafael lo puede hacer

Aníbal Acevedo Vilá[*]

Recuerdo, claramente, la primera vez que escuché el nombre, Rafael Hernández Colón. Fue la mañana siguiente a las elecciones de 1968 cuando yo tenía seis años. El Partido Popular Democrático había perdido por primera vez las elecciones la noche antes y mi papá —Salvador— había perdido su escaño como senador por el distrito de Bayamón, que había ocupado desde 1964.

La noche antes había sido larga y dura, y recuerdo que esa mañana mis dos hermanas y yo amanecimos en la cama con nuestros padres. Mi madre, pensando en el futuro del país, le pregunta a mi padre: "y ahora, ¿qué pasa con el partido?", y mi papá nos dijo sin titubeos: "ahí está el muchacho ese, Rafael Hernández Colón, él lo puede hacer". El resto es la historia que hoy debemos celebrar.

Hernández Colón tuvo una vida plena y dedicada al servicio de Puerto Rico. No hay que repetir su trayectoria y sus logros. Temprano en su vida sintió el llamado y tomó la decisión inequívoca de que servirle a su patria sería su vocación. No hay duda de que dedicó la mayor parte de sus energías y el máximo de sus capacidades a eso, a tra-

---

*   Gobernador de Puerto Rico (2005–2008).

bajar por Puerto Rico. Defensor inquebrantable de nuestra puertorriqueñidad, de nuestra historia y de nuestra cultura. Siempre que sintió que el Estado Libre Asociado en el que él creía, estaba en riesgo, salió en su defensa.

Recuerdo, claramente, cómo hace muy poco, en 2016, anduvo los pasillos del Congreso para oponerse tenazmente a la creación de la Junta de Control Fiscal, anticipando las duras consecuencias que hoy estamos viviendo. Y al inicio de 2017, cuando se planificaba otro plebiscito fraudulento a favor de la estadidad, calladamente, me llamó para que juntos diseñáramos y ejecutáramos la estrategia que luego convirtió ese evento en un hazmerreír.

Su afán por defender y proteger lo que quería no tenía fin. En julio del año pasado, al cumplirse los ochenta años de la fundación del PPD, le lanzó un reto a su colectividad, con unas palabras que hoy mantienen la misma vigencia que cuando las dijo. Para el Partido Popular Democrático y los populares fue y es la figura histórica de mayor relevancia, luego de la del fundador Luis Muñoz Marín.

Para Rafael no había enemigo invencible ni problema insoluble. Su tenacidad enfrentando los retos políticos y los problemas del país, es para mí, su principal característica. Esa tenacidad, combinada con su inteligencia privilegiada, su disposición al trabajo y su sagacidad estratégica, puestas al servicio del país y de las causas en las que creía, son lo que lo convirtieron en un líder histórico.

El país tiene una deuda de gratitud con él por sus luchas, con sus aciertos y desaciertos, y con su familia por haberlo compartido con nosotros por toda una vida. Por eso y más, "estamos con él", "ahí, ahí, ahí".

Recordando a Rafael Hernández Colón

Luis G. Fortuño Burset[*]

La triste noticia sobre el fallecimiento del exgobernador, Rafael Hernández Colón, deja un inmenso vacío en nuestra isla. Dedicó la mayor parte de su vida al servicio público, tanto como secretario de Justicia, presidente del Senado y gobernador. Sus muchos años de labor por nuestra isla dejan un rico legado a nuestra gente. Su obra en muchas ocasiones se adelantó a sus tiempos, como el caso de la Alianza Público-Privada para la construcción y operación del Puente Teodoro Moscoso.

Doy fe de que Hernández Colón fue un hombre comprometido con Puerto Rico, aun luego de regresar a la vida privada. Durante mi incumbencia en La Fortaleza, fue el pasado gobernador que en todo momento estuvo disponible ávidamente para compartir sus recomendaciones y experiencia. Siempre lo hizo de forma totalmente desinteresada y sin deseo de protagonismo o reconocimiento. Viviré siempre agradecido por sus sabios consejos y amistad.

Fue un hombre de gran intelecto, fuertes convicciones y profundo amor por nuestra patria. Independientemente

---

[*] Gobernador de Puerto Rico (2009–2012).

de cualquier diferencia política que alguien pudiera tener con él, su compromiso con Puerto Rico era evidente en sus acciones. También era un católico practicante a quien se le notaba sus creencias cristianas en su diario vivir. Tuve el privilegio de conocerle mejor en los pasados diez años. De hablar pausado y sosegado, siempre tenía las palabras correctas no importaba la ocasión. Esas son las palabras que me faltan en este momento para expresar mi pesar.

Solo me consuela el saber que como hombre de fe que era, ya goza de la vida eterna en presencia del Señor. Siempre le recordaremos.

El final de una era

Alejandro García Padilla[*]

Con la partida de Rafael Hernández Colón, la historia de Puerto Rico cierra una era. El país no solo pierde a un gobernador visionario, a un gran abogado y a un autonomista genuino, sino que también pierde al último ejemplo de un político ilustrado. Fue el último miembro de muchas generaciones de líderes puertorriqueños que eligieron la vida pública con un claro propósito de cómo querían mejorar al país, armados con un sólido trasfondo académico y cultural. Desde finales del siglo XIX, hasta hoy con Hernández Colón, Puerto Rico tuvo el privilegio de contar con el consejo sabio de políticos de envergadura. Hombres y mujeres conocedores del mundo y de las fuerzas que lo mueven, enfocados en mejorar nuestra realidad como pueblo.

Esa llama de sabiduría se apagó el 2 de mayo de 2019, cuando su corazón dejó de latir. Causa tristeza que solo quedan algunas pavesas de ese fuego de ilustrados, en algunos políticos que le sobreviven. El lector pensará, con razón, que es un argumento también en contra mía, así como en contra de mis contemporáneos. A ellos les digo como una vez dijo

---

[*]   Gobernador de Puerto Rico (2013–2016).

67

la veterana periodista Irene Garzón, comentando cuando alguien me comparaba con Rafael: "distancia y categoría".

Hernández Colón hacía política con un estilo que hoy no sería aceptado en nuestro entorno. Ahora es casi requisito por los medios de noticias y de entretenimiento, que nos faltemos el respeto, que seamos estridentes, que estudiemos poco y hablemos mucho. Se nos exige el comentario oportunista, aunque sea sin la razón. Se nos convoca a la confrontación y la exageración, a veces hasta a la mentira como condición para el aplauso. Esa fue una de las razones que me empujaron a no volverme a postular.

Conocí a Hernández Colón cuando yo tendría alrededor de seis años. Nuestras familias eran amigas y el sur aglutina. Desde entonces y hasta el final de sus días, me impresionó siempre su capacidad analítica, su pensar pausado, antes de responder. Admiré su intensa preocupación por el futuro del país y por la protección de la puertorriqueñidad. Es una de las pocas personas que he conocido que intimidaba intelectualmente en las reuniones, lo que le valió no pocos enemigos internos.

De su gestión pública, me impresionaba su fogosidad, su gran sentido de responsabilidad, el respeto y *standing* que le daba a la institución de la gobernación.

Contrario al descrédito de "inmovilista y conservador" que le atribuyen sus detractores más irrespetuosos, en su larga carrera en el Gobierno, Hernández Colón demostró ser un gran "puertorriqueñista" en la mejor tradición liberal de su época. Puerto Rico era primero. Por eso adquirió y nacionalizó la Telefónica y adquirió y nacionalizó las Navieras para abaratar los costos de transporte marítimo y combatir así las leyes de cabotaje. Creó el DACO para proteger al consumidor. Promovió las Fincas Familiares, para estimular la agricultura. Propulsó el sistema de mérito en el servicio público y luchó hasta lograr que se traspasaran al pueblo de Puerto Rico los terrenos de las bases militares americanas, algunas, como Culebra, bajo su mandato.

Hernández Colón logró el mayor crecimiento económico que ha visto Puerto Rico desde la década de 1970 hasta nuestros días, sin necesidad de obras faraónicas ni endeudamientos irresponsables. Solo Japón superaba en crecimiento económico a Puerto Rico en algunos años de las administraciones de Hernández Colón. Promovió y logró con éxito que se aprobara la sección 936 y bajó el desempleo con empleos bien remunerados a tiempo completo.

Su respeto por nuestro patrimonio arquitectónico y a nuestra cultura lo llevó a obras grandes como remodelar los Cuarteles Ballajá, a restaurar el Viejo San Juan, a convertir la vieja cárcel de La Princesa en la sede de la Compañía de Turismo y su entorno en un paseo bello, el Plan Ponce en Marcha, a demostrar nuestro talento en la Feria Mundial de Sevilla y a intentar afincar el dominio de nuestra lengua materna: el español.

Defendió el autonomismo en la fórmula de Estado Libre Asociado con pasión y argumentos sólidos. Lo hacía con el pragmatismo de quien conocía las complejidades de Washington y las necesidades de los puertorriqueños. Con Luis Muñoz Marín trabajó en la Comisión de Status, logró que la Asamblea del Partido Popular Democrático aprobara el Pronunciamiento de Aguas Buenas, propulsó el Nuevo Pacto que llegó a tener el compromiso del presidente Ford, y luego, el proceso conocido por los trabajos con el senador J. Bennett Johnston. Esa fue la última ocasión en que el Gobierno atendió el tema del estatus con seriedad. Al mismo tiempo, logró fortalecer las raíces que nos unen a la América Latina y a España, sin dejar de fortalecer nuestro vínculo económico y ciudadano con los Estados Unidos.

Hernández Colón fue además un escritor prolífico sobre política y derecho. Luego de ser secretario de Justicia a los veintiocho años, fue autor de legislación importante tanto desde la presidencia del Senado como desde La Fortaleza. Fue gobernador por doce años y siempre vivió entregado a las causas nobles de su país. Fue un patriota de verdad, no de *slogans*. Fue, en fin, nuestro último gran hombre de Estado.

Nuestra generación tiene la responsabilidad de repensar qué circunstancias existían antes para convocar a líderes de esta dimensión a la vida pública y que hoy desafortunadamente escasean.

A los que sí creemos en la nación puertorriqueña, no solo la del paisaje, la música o la comida típica, sino la nación puertorriqueña de carne y hueso que a diario trabaja para construir un mejor país, nos toca imitarle.

Hoy despido con tristeza y admiración al mentor y al amigo. Le agradezco su ejemplo y sus largos años de servicio al país. Hoy se marca el fin de una era.

Gran pensador y jurista completo

Ángel Colón Pérez*

Repasar la vida y obra del gobernador Rafael Hernández Colón, requiere examinar también sus grandes aportaciones en el campo del derecho pues, sin lugar a dudas, estamos ante uno de los juristas más completos, si no el más, que ha producido nuestro país. Bien sea en su faceta como abogado o parte en casos de gran trascendencia para la isla, en su desempeño como secretario de Justicia, en su rol de gobernador o en su trabajo en la academia, el legado de este ilustre puertorriqueño a nuestras instituciones de justicia es uno que ha trascendido, y trascenderá, generaciones.

Educado en prestigiosas universidades de los Estados Unidos y Puerto Rico, en sus retos y luchas como profesional del derecho, el gobernador Hernández Colón —tanto en las victorias judiciales, como en los casos en que no corrió igual suerte— nutrió nuestra jurisprudencia de importantes decisiones, las cuales hoy todavía tienen el valor del precedente, en diversas áreas del derecho local. Destacan, entre ellas, aquellas que se dan en materia de gobierno, Derecho

---

*   Juez asociado del Tribunal Supremo de Puerto Rico.

Constitucional y los principios de justiciabilidad que esta última envuelve.

De otra parte, y ya más en su rol de gobernador, sobresale el hecho de haber sido —junto a Luis Muñoz Marín— el primer ejecutivo con más nombramientos (un total de 12) realizados a nuestro más alto foro judicial, el Tribunal Supremo de Puerto Rico. Entre estos se encuentran juristas del calibre de Armindo Cadilla Ginorio, Jorge Díaz Cruz, Carlos J. Irizarry Yunqué, José Trías Monge, Antonio S. Negrón García, Peter Ortiz Gustafson, Víctor M. Pons, Rafael Alonso Alonso, Miriam Naveira Merly, Federico Hernández Denton, José Andreu García y Jaime Fuster Berlingeri. Nadie duda del compromiso, la entrega y la dedicación que cada uno de estos distinguidos jueces empleó en la delicada tarea de ser los últimos intérpretes de nuestra constitución; y de las grandes aportaciones que cada uno de ellos realizó, y otros continúan realizando, a nuestro ordenamiento jurídico. He ahí otro gran legado de este destacado líder a la causa de la justicia en el país.

Por último, desde la academia, fueron muchas las vidas impactadas por el gobernador Hernández Colón dentro y fuera del salón de clases. Desde allí, también nació una de las obras más importantes en el acervo jurídico puertorriqueño: *Práctica Jurídica de Puerto Rico: Derecho Procesal Civil*. Este tratado de derecho es un referente obligatorio para todo aquel abogado que desee entender de forma clara y concisa los detalles, en cada una de sus etapas, de los procesos judiciales civiles que se conducen en nuestros tribunales.

En fin, al hablar de derecho en Puerto Rico, hay que discutir las valiosas aportaciones del gobernador Rafael Hernández Colón. Hoy, al despedirnos de él, en los tiempos tan convulsos y complejos que vivimos como país, y en lo que a nosotros corresponde, nos comprometemos a seguir sus enseñanzas tal como él nos lo solicitó en ocasión de mi juramentación al cargo de juez asociado del Tribunal Supremo, donde fungió como el orador principal de la ocasión:

> [...]llevar al Tribunal Supremo de Puerto Rico al nivel de desempeño requerido en estos tiempos de crisis para sanear nuestra hacienda, sentar las bases para la recuperación económica y encaminarnos sobre bases firmes hacia un mejor futuro.

¡Hasta siempre señor gobernador, mentor y amigo! ¡Gracias por siempre creer en mí!

El derecho: su mayor pasión

Federico Hernández Denton[*]

Al momento en que fallece un ser humano tan importante y especial como lo fue el gobernador Hernández Colón es imposible no revivir los momentos en que sus acciones transformaron el rumbo de nuestras vidas. En lo personal, Hernández Colón me nombró Juez asociado del Tribunal Supremo de Puerto Rico en 1985. Aún recuerdo el día en que me llamó para decirme que me nombraría para formar parte de ese honorable foro. La mayor sorpresa la recibí cuando me confesó que uno de sus mayores anhelos era seguir los pasos de su padre, el juez asociado Rafael Hernández Matos, y convertirse en juez del Tribunal Supremo de Puerto Rico.

Sin embargo, aun cuando por circunstancias históricas no pudo convertirse en juez del Tribunal Supremo, Hernández Colón ha sido el gobernador con mayor número de nombramientos a dicho foro. Al momento de realizar dicha labor, tenía muy claro que quería dejar como legado el nombramiento de jueces que al igual que él tuvieran una gran pasión por el derecho, que respetaran el Estado de derecho y, lo más importante, que tuvieran independencia de crite-

---

[*] Juez presidente del Tribunal Supremo de Puerto Rico (2004–2014).

rio. Aunque ello redundara en que los jueces nombrados por este, en ocasiones, emitieran decisiones contrarias a sus posturas.

Los que le conocimos, sabemos que el derecho siempre fue su mayor pasión. Muestra de ello es su legado jurídico. Como académico y estudioso del derecho nos dejó su obra *Práctica Jurídica de Puerto Rico: Derecho Procesal Civil*, de la cual se hicieron seis ediciones. Como presidente del Senado propuso la enmienda constitucional para permitir que los ciudadanos pudieran ejercer su derecho al voto desde los dieciocho años de edad, la cual se concretizó en 1970. Luego, ya como primer ejecutivo de Puerto Rico, promulgó la Ley de Procedimiento Administrativo Uniforme de 1988 para proveer uniformidad a los procedimientos en las agencias y salvaguardar el debido proceso de ley de todos los ciudadanos al enfrentarse a cualquier foro administrativo. Además, aprobó la Ley de Municipios Autónomos de Puerto Rico con el propósito de que los municipios tuvieran mayor autonomía fiscal que redundara en mejores servicios para los ciudadanos.

Transformó la Rama Judicial al promulgar la Ley de la Judicatura de 1992, mediante la cual creó al foro judicial intermedio que conocemos como el Tribunal de Apelaciones. Asimismo, logró mayor acceso a la justicia para los ciudadanos del área rural de Puerto Rico con la creación de la Región Judicial de Aibonito y el cargo de juez municipal.

En asuntos relacionados a los derechos de la mujer y el Derecho de Familia, durante su mandato se creó la Comisión para el Mejoramiento de los Derechos de la Mujer que presidió mi esposa Isabel Picó y quien junto a la Lic. Jeannette Ramos Buonomo, Marcia Rivera y la Dra. María Teresa Berio lograron que la Asamblea Legislativa modificara el derecho de familia para equiparar a la mujer en las relaciones jurídicas matrimoniales.

En fin, Hernández Colón nos deja un legado extraordinario en muchos ámbitos, pero en especial nos deja un legado jurídico que demuestra una inmensa pasión por el derecho y respeto por la justicia.

El legado de
Rafael Hernández Colón
a un juez federal

Gustavo A. Gelpí*

Rafael Hernández Colón dejó un enorme legado en nuestras vidas como pueblo. Un hombre y líder polifacético: académico, hombre de leyes, artístico, deportista, político, humanista, creyente de la dignidad e igualdad de todo ser humano, hombre de fe y ejemplar esposo, padre y abuelo. Orgulloso de ser ponceño, puertorriqueño, americano y ciudadano del mundo (indudablemente en ese orden), sus innumerables aportaciones siempre serán recordadas y son un modelo de inspiración para los que le seguimos y futuras generaciones.

No pretendo ser su historiador, pues ya tiene dos de los mejores en Héctor Luis Acevedo y su nieto Pablo. Sin embargo, dada la estrecha relación que tuvimos, en particular durante mi trayectoria como juez federal, me siento en una posición privilegiada y me honra poder aquí compartir en mi carácter personal algunas anécdotas sobre quien para mí fue un gran mentor y amigo.

---

* Juez del Tribunal Federal, distrito de Puerto Rico.

Empezaré en abril de 1966 cuando Hernández Colón fue secretario de Justicia de Puerto Rico. A sus veintinueve años, este argumentó ante el Tribunal Supremo de Estados Unidos, junto al entonces procurador general de los Estados Unidos, Thurgood Marshall, quien luego se convertiría en juez del mismo. El caso, *Katzenbach v. Morgan*, presentaba un asunto de materia electoral constitucional: si el estado de Nueva York podía requerir para el voto que el elector pasase un examen de inglés. Dicho requisito en particular afectaba a la diáspora puertorriqueña que por décadas había migrado a dicho estado. El joven abogado, en representación del Estado Libre Asociado, se unió al Gobierno de Estados Unidos en impugnar la validez de dicha práctica del estado. A final de cuenta, el Tribunal Supremo de los Estados Unidos invalidó el requisito del idioma inglés para ejercer el derecho al sufragio. Como consecuencia, desde aquel entonces, millones de ciudadanos hispanos a través de la nación han adquirido poder político al participar en comicios electorales locales y nacionales.

El caso de *Katzenbach v. Morgan* es importantísimo en la jurisprudencia estadounidense. Resalta la importancia constitucional del derecho al voto. Más aún, defiende y garantiza la igualdad de todo puertorriqueño como ciudadano americano, el cual hoy todavía es un tema inconcluso.

Una anécdota poco conocida y jocosa que compartió Hernández Colón conmigo fue lo que ocurrió la noche antes del argumento oral en Washington D.C. Como era de esperarse, el siempre estudioso y preparado abogado puertorriqueño se comunicó con el procurador general federal para reunirse, repasar los alegatos y practicar sus respectivos argumentos. Marshall, no obstante, tenía otros planes y le contestó, *"Rafael, tonight we will go out"*. Pues, ambos pasaron una noche sumamente alegre y divertida y al día siguiente el dúo se presentó al Tribunal Supremo a argumentar exitosamente.

Una década más tarde, ya como gobernador de Puerto Rico en su primer término, Hernández Colón laboró arduamente por convertir en ley federal un proyecto congresional mediante el cual incrementarían los poderes del Estado Libre Asociado dentro de su relación con los Estados Unidos. El llamado Pacto de Unión Permanente entre Puerto Rico y Estados Unidos, conocido popularmente como el Nuevo Pacto, importantemente incluía como punto cardinal la presencia del tribunal federal en la isla.

Lo anterior evidencia incuestionablemente que para Hernández Colón el Estado Libre Asociado consiste en un modelo de gobierno *sui generis* dentro del marco federalista de gobierno estadounidense, cuya meta es la unión permanente. Aun sin ser un estado federado de la unión, el Estado Libre Asociado tiene atributos de estado federado, como demuestra al contar con un tribunal federal de rango constitucional igual que los 50 estados y el Distrito de Columbia.

En 2014 presenté en la Universidad Interamericana el libro de Hernández Colón, *Estado Libre Asociado: Naturaleza y Desarrollo*. En la misma destaqué lo anterior mencionado. Este fue el primero de varios intercambios académicos que ambos compartimos, además de muchos otros más íntimos, en los que dialogábamos acerca de interesantísimos temas comunes que tanto él como gobernador y yo como juez federal nos habíamos enfrentado. A pesar de diferencias ideológicas marcadas, más nos unía nuestra pasión mutua por el tema de la relación histórica y constitucional de Puerto Rico con los Estados Unidos.

Cabe señalar que el tema de estatus no era el único de nuestras conversaciones, las cuales eran muy variadas. iempre teníamos otro tema favorito. Ambos somos fanáticos del baloncesto. Sus Leones y mis Cangrejeros de la liga superior se enfrentaron en varias reñidas series postemporada. En años recientes Ponce eliminó a Santurce en más de una ocasión y esto conllevó a varias invitaciones de Hernández Colón para yo asistir a la serie final en Ponce. Como buen deportista y nieto de una ponceña, asistí a los últimos dos campeonatos consecutivos de los Leones. Ahí pude presenciar la pasión por el deporte de Hernández Colón, al igual que de su nieto Hans quien con frecuencia lo acompañaba.

En una de mis visitas frecuentes a Ponce, Hernández Colón expresó su interés en que yo presentase en la Facultad de Derecho de la Pontificia Universidad Católica mi conferencia sobre el desarrollo constitucional de Puerto Rico y otros territorios de Estados Unidos desde 1898 al presente. Por supuesto accedí, y al finalizar, este le dijo al decano que la escuela debía ofrecer un curso sobre el tema. Así pues, dicha escuela fue la primera en Puerto Rico y Estados Unidos en ofrecer dicho curso. Luego la Universidad de Puerto Rico y la Universidad Interamericana también me invitaron, como también la Universidad de Hawai'i. Dicho legado académico, más que mío, es del académico Hernández Colón, quien tuvo la visión de que a los estudiantes de Derecho les era importante conocer de este tema que trastoca nuestras vidas diarias.

Luego de varios semestres enseñando el curso de los territorios recopilé material histórico, jurídico y académico el cual usé para escribir el libro *The Constitutional Evolution of Puerto Rico and Other U.S. Territories: 1898-Present*, publicado en septiembre de 2017 por la Universidad Interamericana. Para el mismo, obtuve un honor muy especial y que jamás se repetirá: que los gobernadores Rafael Hernández Colón y Pedro Rosselló escribieran prólogos. Para mí esto fue un reconocimiento intelectual de parte de Hernández Colón a mi trabajo académico. Por razones del Huracán María la presentación del libro con ambos gobernadores presentes desafortunadamente no se pudo dar. Luego, por compromisos previos no pudieron coincidir en 2018 cuando Hernández Colón presentó el libro en persona y Rosselló envió su presentación para ser leída.

En octubre de 2015 celebré una audiencia en la sala del tribunal federal en Ponce para el caso de la Reforma de la Policía. Para la misma invité a Hernández Colón a deponer. Su aportación fue sumamente significativa pues proveyó un cuadro histórico de medio siglo en apoyo del acuerdo federal de reforma entre los Gobiernos de Puerto Rico y Estados Unidos. Compartiendo su experiencia como secretario de Justicia, presidente del Senado y gobernador, discutió la necesidad de los cambios contemplados. Con su acostumbrada honestidad intelectual explicó que a través de las décadas el Gobierno de Puerto Rico había dado pasos importantes para asegurarse que su policía actuase bajo parámetros constitucionales, un ejemplo siendo eliminar el carpeteo político. Sin embargo, admitió que la supervisión del tribunal federal era esencial para salvaguardar los derechos de los ciudadanos como los de los policías. Hizo el llamado además a que nuestra legislatura hiciese como la federal a los efectos de prohibir que los agentes de ley y orden participasen en actividades de naturaleza política.

En el 2017, mientras redactaba mi libro, Hernández Colón preparó un artículo sobre la decisión del Tribunal Supremo de Estados Unidos en el caso de *Sánchez Valle* y su impacto en el Estado Libre Asociado. En un almuerzo en Ponce, este me proveyó copia para que le diera crítica constructiva, lo cual hice. Uno de mis comentarios editoriales, el cual incorporó al artículo, fue el dato que desde 1898 Estados Unidos había poseído territorios no convencionales como Filipinas, la Zona del Canal de Panamá y la Bahía de Guantánamo. Más importante aún fue mi sugerencia que el artículo, el cual fue escrito en español, se tradujese al inglés y se publicase en una revista jurídica que no fuese una de las de Puerto Rico. A mi entender, el tema era uno de interés nacional, y ciertamente sería traído ante los tribunales federales en futuros casos. Al ser en español, estaba limitando su audiencia. A Hernández Colón le encantó la idea, más aún cuando le dije que la junta editora de la revista jurídica de la Universidad de Suffolk en Boston, donde estudié Derecho, interesaba publicar el artículo. Luego de reclutar a sus nietos, Hans y Pablo, al igual que a su hijo José Alfredo, como editores, el artículo finalmente fue publicado bajo el título "The Evolution of Democratic Governance under the Territorial Clause of the U.S. Constitution".

Dicho artículo es importante tanto para juristas como académicos, no tanto por cualquier conclusión específica, sino más por ser uno de los primeros discutiendo las repercusiones de *Sánchez Valle*. El mismo contiene un valioso análisis histórico y legal sobre el estatus de Puerto Rico. Tan reciente como abril de 2019, mi colega de Massachusetts, el juez federal William Young, citó el mismo en una importantísima opinión denegando una petición de desestimación por parte de los Estados Unidos. El caso envuelve el trato discriminatorio a ciudadanos de Estados Unidos que residen en Puerto Rico en cuanto a beneficios para personas enfermas con escasos recursos. La historia se repite. Medio siglo luego de *Katzenbach,* Hernández Colón nos deja su legado en la lucha jurídica por la igualdad de todo ciudadano americano.

Hijo de un abogado y juez del Tribunal Supremo de Puerto Rico, Rafael Hernández Colón también pasó el legado de la abogacía a sus cuatro hijos, Rafael, José Alfredo, Dora Mercedes y Juan Eugenio, y a sus nietos Hans y Pablo. Estos últimos dos fueron mis oficiales jurídicos el uno detrás del otro, y mis otros oficiales jocosamente decían que para trabajar conmigo de ahora en adelante había que ser nieto de Hernández Colón. No exactamente, pero el abuelo sí fomentó en ambos el deseo de trabajar en el tribunal federal luego de graduarse de Derecho, lo que le agradeceré eternamente.

El día de la partida del gobernador Rafael Hernández Colón, mi primer pensamiento al enterarme fue cómo el tribunal podría honrar su memoria. Y procedí a consultar si en un edificio federal se podía bajar la bandera a media asta. Nunca se había hecho en Puerto Rico para un funcionario estatal. Enhorabuena, resultó que la ley federal lo permitía. Así que inmediatamente salí a las afueras del tribunal en Viejo San Juan y procedí a bajar la bandera de los Estados Unidos. Luego, dado esto, en otros edificios federales procedió a hacerse lo mismo en un acto de solidaridad con el Gobierno de Puerto Rico.

Con esto pues cierro un capítulo importante de mi vida y carrera como juez. No obstante, el legado de Hernández Colón vivirá en mí. Más que todo, fue una persona que dio lo mejor de sí mismo a través de su vida para que cada uno de nosotros viviese en un mejor Puerto Rico. Esto es algo que todo servidor público y ciudadano debemos emular.

Rafael: Puerto Rico cree en él

Eduardo Bhatia*

Ha muerto un gran líder, mi amigo y maestro Rafael Hernández Colón.

Comencé a colaborar con Rafael Hernández Colón desde La Fortaleza en 1986, y desde entonces nos unió una gran relación de amistad, de solidaridad, de mentor y maestro. Compartimos muchas ideas, muchas luchas y muchos retos. Le acompañé a Washington D.C. en innumerables ocasiones para defender el desarrollo económico y articular los beneficios de la sección 936 y en el proceso del S. 712 para desarrollar el Estado Libre Asociado bajo el liderato del senador Bennett Johnston del 1989-1991. Desde joven colaboré con sus allegados y aprendí mucho de su compromiso genuino con el más pobre y necesitado.

Servir a Puerto Rico nunca ha sido fácil; liderarlo más difícil aún. Fue líder de líderes en la segunda parte del siglo XX, y supo enfrentar como guerrero valiente las tormentas más duras en nuestra relación con los Estados Unidos; en los retos económicos y la desigualdad en nuestras comunidades más pobres.

---

* Presidente del Senado (2013-2016).

Rafael fue el sexto presidente del Senado de Puerto Rico de 1969-1972, y a mí me tocó el honor de ser el decimoquinto. Fueron muchas las ocasiones que conversamos sobre el futuro, sobre nuestros aciertos y desaciertos. Escuchaba sus consejos siempre porque nos teníamos un gran respeto mutuo, un afecto enorme y una amistad especial. Claro que tuvimos diferencias y las hablábamos en las ocasiones que teníamos tiempo para largas conversaciones.

Rafael Hernández Colón sabía usar los datos, decía la verdad y advertía al pueblo de los nefastos riesgos del populismo deshonesto que tanto abunda en Puerto Rico. Supo diseñar política pública bien pensada, motivada por estudios y análisis y no por caprichos electoreros momentáneos. El consejo más valioso que compartió conmigo —y su legado más importante— fue precisamente que nunca me apartara de ese mandato ciudadano de hablar con datos verídicos y con la conciencia siempre al frente.

En sus propias palabras, en un discurso de 1983:

> La democracia siempre es para el líder el dilema entre la conciencia y el poder; el dilema que a veces se presenta entre lo que se cree correcto y entre lo que conviene para mantener el poder. Yo les digo: sigan siempre la conciencia, sigan su mejor juicio sobre lo que creen que es bueno y correcto en ese difícil trabajo.

Y añadía que:

> En una democracia el mal pierde: un poco antes, un poco después, pierde. Y nunca puede volver a ganar. Les digo, sigan su conciencia: afirmen con todas sus fuerzas lo que entiendan es el bien; condenen con todas sus fuerzas lo que ustedes entiendan que es el mal. Si el mal es fuerte, condénenlo fuertemente, porque con el mal no se puede ser débil. Siguiendo la con-

ciencia de uno, en una democracia uno puede ganar o perder. Siguiendo la conciencia uno puede, en una democracia, perder y volver a ganar. La derrota no avergüenza; la entrega de la conciencia sí avergüenza.

El que es fiel a la verdad y a su conciencia desarrolla en el país credibilidad. Por eso, en las grandes luchas en los años 80, muchos decían "Rafael: Puerto Rico cree en él". Ese compromiso con los principios, con lo auténtico y con la conciencia es la misma credibilidad que tanta falta hace hoy para levantar a Puerto Rico.

Termino celebrando su vida y su compromiso incólume con el orgullo y la identidad boricua a través de nuestra cultura. Siempre insistió que "[p]ara ser, hay que tener la voluntad y el valor de ser. Ya es hora de expresarnos sin ambigüedades. ¡SOMOS PUERTORRIQUEÑOS!"

Su gran legado es una vida dedicada al prójimo, con una profunda fe en Dios, una profunda fe en la capacidad del puertorriqueño y un compromiso con encontrar esas voces fuertes que le hablen con la verdad a las generaciones futuras. Desde ese legado corresponde seguir sus enseñanzas; asumir esas luchas; y alcanzar las victorias por las que él tanto luchó. Celebremos su vida siempre y agradezcamos como pueblo haber tenido a Rafael Hernández Colón.

Una era ha terminado

Aníbal José Torres[*]

Rafael Hernández Colón era el último eslabón que nos unía a aquella generación de hombres y mujeres que pensaron y forjaron el Puerto Rico moderno y que se dieron a la inmensa tarea de crear y preservar nuestras instituciones democráticas. Aquellos que lo conocimos y gozamos de su consejo, aquellos que hemos tratado de emular su compromiso con el proyecto de un Puerto Rico más humano y justo, contemplamos la riqueza de su legado y la profundidad de sus convicciones con gratitud y admiración. Frente al umbral de la muerte, de él podríamos decir hoy lo mismo que de San Pablo: ha peleado la buena batalla y ha conservado la fe. La fe en el destino de la patria puertorriqueña.

Ese fue un llamado que recibió muy joven y a cuya causa se consagró en cuerpo y alma: no dejar desfallecer la promesa del futuro, retomar con nuevos bríos los estandartes de Muñoz Rivera y Muñoz Marín, sin por ello ignorar las banderas de Miguel Ángel García Méndez y Luis A. Ferré, los anhelos de Gilberto Concepción de Gracia y Rubén Berríos Martínez. He aquí la primera de sus muchas lecciones, tan fundamental en los tiempos que compartimos: hay espacio

_____

[*] Senador y presidente del Partido Popular Democrático.

para la diferencia y el debate, pero estamos unidos, todas y todos, por una fidelidad más alta, Puerto Rico. Es preciso afirmarlo sin ambages: Hernández Colón pertenece a la estirpe de los grandes políticos del siglo XX puertorriqueño. Una era ha terminado.

Por eso, antes de despedir al maestro y al líder, creo hacerle justicia si evoco la nobleza y la dignidad de su carácter, el sentido de prudencia y decoro que rigió siempre su quehacer público y privado. Rafael fue, en el terreno de la contienda partidista, un interlocutor fogoso, convincente. En el manejo del Gobierno: un visionario preclaro, un administrador riguroso y ponderado. En el intercambio de ideas: un contertulio ilustrado, elocuente y generoso. Pero en el centro de todos esos rasgos que definieron su personalidad, sin embargo, latía íntegra una pasión incombustible por la tierra que le vio nacer. Por encima de cualquier consideración: Hernández Colón quiso hacer de Puerto Rico su camino y de nuestro bienestar colectivo su propósito. Por eso le celebramos, por eso le recordaremos.

De su sensibilidad y su compromiso, los políticos y los ciudadanos de hoy tenemos mucho que aprender. Por desgracia, asistimos a la lenta y dolorosa erosión de nuestra noción de servicio público. Para Rafael, preservar la integridad de las instituciones era fundamental para garantizar la persistencia de la honestidad.

Existe, no obstante, un aspecto de la vida de Rafael que el país echará de menos. Su biografía no lo desmiente: en los momentos de dura prueba, como la tragedia de Mameyes o el huracán Hugo: aplomo, templanza. Frente a los enemigos de Puerto Rico: verticalidad y rigor en el pensamiento. Ante las nuevas generaciones de jóvenes: apertura y disposición. A los adversarios: la mano y el compromiso.

Descanse en paz, gobernador.

La hoja de ruta

José Nadal Power*

No se me hace fácil escribir en estos momentos sobre el exgobernador Rafael Hernández Colón, nuestro eterno hombre de Estado. Es muy dolorosa su pérdida y muchas las anécdotas. Extrañaré sus enseñanzas y amenas conversaciones con él y su familia sobre los retos que enfrenta Puerto Rico. En su honor escribo sobre lo que considero fue uno de sus principales legados al país, el mapa que nos trazó para decidir nuestro futuro.

Para Hernández Colón resolver el asunto del estatus político de Puerto Rico siempre fue máxima prioridad debido, en parte, a que "[e]l conflicto existente sobre el estatus politiza la administración pública y fomenta la discontinuidad programática" en el Gobierno. Esto afecta la vida diaria de todos los puertorriqueños, por eso al igual que Luis Muñoz Marín siempre estuvo claro en que las opciones sobre estatus deben visualizarse como instrumentos para ayudar a Puerto Rico alcanzar sus metas sociales y económicas y no "como dogmas religiosos", como una vez dijo.

Para que Puerto Rico pueda encaminar una solución definitiva a la eterna discusión sobre su estatus político resul-

---

* Senador.

ta fundamental que se promueva un proceso plebiscitario justo para todas las opciones. Esta es una de las principales enseñanzas que nos deja el exgobernador, quien encaminó durante sus últimos años como primer mandatario un proceso plebiscitario que sigue siendo el más constructivo y de avance al que han llegado Puerto Rico y los Estados Unidos desde la creación del Estado Libre Asociado en 1952.

Desde la década de 1990 los puertorriqueños hemos aprendido que la discusión sobre el estatus político no se puede encaminar de manera seria mediante plebiscitos que no cuentan con un compromiso por parte del Congreso de los Estados Unidos de respetar sus resultados. Mucho menos funcionan procesos que son diseñados para forzar resultados mediante la exclusión de sectores políticos que impulsan opciones legítimas que deben ser presentadas a los votantes. Los "plebiscitos" de 1993, 1998, 2012 y 2017 son ejemplos de esfuerzos excluyentes y fracasados.

El principio de acudir a Washington para exigir un proceso vinculante que atienda la voluntad del pueblo sobre la situación política tras la promulgación del ELA tiene su génesis en la Comisión de Estatus creada por el Congreso mediante ley el 20 de febrero de 1964. Cuando dicha Comisión rindió su informe en 1966, concluyó, entre otras cosas, que "[l]a política que gobierna la relación entre los Estados Unidos y Puerto Rico está y debe continuar basada en los principios de consentimiento mutuo y libre determinación" y que "[d]e acuerdo con esta política y estos principios, es fundamental que para que ocurra cualquier cambio en el estatus político, el Congreso debe entender plenamente los deseos del pueblo de Puerto Rico".

Luego de un exitoso segundo término como gobernador en la década de 1980, durante el cual se defendió la sección 936 y el desempleo en Puerto Rico se redujo en más de 7%

(lográndose que la economía de la isla creciera a un ritmo mayor que la de Estados Unidos), Hernández Colón decide dedicar su tercer mandato a resolver el asunto del estatus político mediante un esfuerzo plebiscitario en el que se exigiría al Congreso respetar el resultado, el que fuese, en unión con los partidos políticos de oposición en aquellos años. El exgobernador expresó en su mensaje inaugural el 2 de enero de 1989 que:

> Ha llegado la hora de que el pueblo exprese nuevamente su preferencia sobre las alternativas de estatus político y creo que es igualmente necesario que el Gobierno de los Estados Unidos de América manifieste su posición al respecto.

Esto dio pie a la histórica carta de 17 de enero de 1989, dirigida al presidente George Bush y al liderato congresional, firmada por los presidentes de los tres partidos políticos de Puerto Rico, donde se exigió que se consulte a los puertorriqueños sobre su situación política y que dicha consulta tenga la garantía de que se implantará la voluntad del pueblo mediante legislación del Congreso. La primera respuesta a dicha comunicación llegó el 25 de marzo de 1989, mediante carta conjunta del senador Bennett Johnston, presidente del Comité de Energía y Recursos Naturales del Senado de los Estados Unidos y James McClure, líder de la minoría republicana, en la que se comprometieron a iniciar el diálogo solicitado, aclarando que para que el resultado del propuesto plebiscito sea vinculante el Congreso debe ejercer su responsabilidad de definir los términos de las opciones de estatus disponibles para Puerto Rico.

Aunque el plebiscito que se impulsaba mediante el proceso de estatus de 1989-1991 nunca se materializó, fue en dichos años cuando más se logró avanzar una discusión seria sobre el estatus político. Y esto se logró mediante mecanismos que otorgaran igualdad de condiciones y acceso a los proponentes de todas las alternativas sobre estatus político. Es por eso que debemos aprender de la historia, del ejemplo que nos legó Hernández Colón, quien siendo el máximo ideólogo de la autonomía y del Estado Libre Asociado desde la década de 1960 reconoció que él no podía pretender resolver el asunto del estatus viajando solo a Washington, D.C. excluyendo a los otros partidos, como lamentablemente se ha estado haciendo recientemente con la mal llamada "Comisión de Igualdad" y los proyectos para imponer la estadidad que se han presentado.

Rafael Hernández Colón creyó en Puerto Rico, demostró que existen vías para solucionar nuestros retos políticos, demostró que puede haber buen gobierno y desarrollo económico en nuestro país. Pero para lograrlo hay que creer en nuestras capacidades como pueblo, dejando atrás el tribalismo y pensando en los grandes retos y en las grandes soluciones de manera responsable, rechazando (y esto me lo recordaba constantemente) los mitos que tantas veces se crean en la política. Como dijo en un memorable discurso en 1991:

> Aquí hay poder, y ese poder viene de adentro, para hacer futuro como nosotros lo queremos. No un futuro que vamos a copiar de otros, sino el futuro de una familia grande que confronta unida los problemas.

Gracias Rafael por su ejemplo y legado, gracias por enseñarnos que hay futuro, que hay una ruta a seguir para Puerto Rico. ¡Seguiremos su ejemplo y nunca le olvidaremos!

A seguir los pasos de Hernández Colón

Jesús Manuel Ortiz[*]

Rafael Hernández Colón es sin duda la más importante figura de la política puertorriqueña desde Luis Muñoz Marín. Su influencia en la opinión pública y poder de inspirar a quienes seguimos sus pasos demuestran lo gigante de su figura y su fortaleza como líder. De hecho, mi primer recuerdo de un gobernador es Hernández Colón en su último término (1988–1992). Para ese entonces, aunque ni siquiera imaginaba que algún día tendría el honor de ocupar una posición electiva en representación del Partido Popular Democrático, sí sabía que mi definición de un líder era Hernández Colón.

La muerte de nuestro eterno gobernador cierra un capítulo glorioso en nuestra historia política y subraya el enorme reto que tenemos de encaminar el instrumento en que creemos para enfrentar la crisis que atraviesa la isla. Es hoy, el momento en que una nueva cepa de servidores públicos populares tiene que dar un paso al frente y, tal y como lo hizo Hernández Colón en la década de 1970, asumir la responsabilidad que nos toca.

---

[*] Representante.

Su desaparición física representa un vacío que jamás se podrá llenar, pero a la vez deja un tracto claro que tiene que ser zapata para ajustar las miras del PPD hacia los nuevos retos que enfrentamos. Nuestra colectividad necesita la efectividad, firmeza, claridad, fortaleza de carácter y la empatía del Hernández Colón que cogió el batón de la mano de Muñoz Marín.

Pero más aún, necesita un líder con la entereza de carácter para defender la gesta histórica del PPD, que tenga claro que aunque la misión es similar a la de 1938, el escenario, las dificultades presentes y las herramientas que se necesitan para atenderlas son distintas. Hoy, la muerte de uno de los grandes tiene que llevarnos a reflexionar sobre nuestra gestión, pero sobre todo sobre nuestra disposición a estar a la altura de los tiempos. Es hora de convocar a esa nueva cepa de servidores públicos populares a que asumamos la responsabilidad que un día asumió Hernández Colón. Llegó el momento.

Paladín inquebrantable de la identidad puertorriqueña

Luis Vega Ramos

El gobernador Rafael Hernández Colón es una figura fundamental en la historia del Partido Popular Democrático, dándole dirección práctica e ideológica durante el último tercio del siglo XX. Junto con la de Muñoz Marín, la huella de Rafael Hernández Colón en el PPD y en la administración pública puertorriqueña es imborrable.

Paladín inquebrantable de la identidad puertorriqueña y defensor férreo de su visión de la relación entre Puerto Rico y Estados Unidos.

Como popular soberanista, tuve diferencias importantes con Rafael, y fue un privilegio discutirlas con profundidad, altura y respeto, particularmente en la Junta de Gobierno del PPD durante los pasados años.

Siempre le agradeceré la confianza que depositó en mi padre para que fuera parte de su equipo de gobierno entre 1973 y 1976.

Portaestandarte de hombre de Estado

María *Mayita* Meléndez[*]

Nos encontramos en este venerable recinto, ante Dios, en oración y en recordación de un hijo célebre de esta ciudad; uno de los arquitectos del Puerto Rico moderno; un ciudadano ejemplar cuya gallardía, elocuencia, fino intelecto e incólume carácter, le convirtieron en portaestandarte de lo que un hombre de Estado debe ser: don Rafael Hernández Colón.

Para Puerto Rico y para nuestra ciudad, y lo hablo por el vínculo personal que nos unía con don Rafael. Yo tengo el privilegio de haberlo conocido y disfrutar de esas conversaciones que enriquecen cada día más al ser humano.

Como todos saben, no coincidíamos en ideologías políticas, pero sí en el fin de la política publica para servir por el bien común. Y me alegra que el obispo Corrada lo haya dicho. Esta es una anécdota aparte, obispo Corrada, pero ante noche, me puse a ver mensajes de don Rafael en el internet. Y el primero que escucho es un debate de Baltasar Corrada del Río y nuestro exgobernador Rafael Hernández Colón, lleno de energía y fuerte. Y Baltasar empezaba a hablar . . . y

---

[*] Alcaldesa de Ponce.

102

él le decía eche pa'lante, eche pa'lante que se nos va el tiempo... y esto es muestra de lo que dijo el obispo Corrada de que al final todos se unen para trabajar por el bien común. Cuando las diferencias ideológicas se manejan con menosprecio y resentimiento, tienen el potencial de revelar lo peor de los seres humanos. No obstante, cuando se manejan dentro de un marco de respeto, honestidad y sensibilidad sirven de espejo a nuestra humanidad cristiana. Fomentan un intercambio que resulta en un vínculo fundamentado en dos verdades ineludibles: por un lado, nuestra creencia y compromiso con los valores universales que Cristo Jesús nos dio, el amor y el servicio al prójimo, la justicia, la libertad, la verdad, la fe aun cuando discrepemos férreamente en las formas de lograr su consecución. Por otro, la importancia de nuestras idiosincrasias, aquellas cosas que nos hacen únicos, distintos y esenciales al colectivo.

Si algo precisamente demostró don Rafael es que los principios no exigen unanimidad, sino humanidad.

Esa convicción lo guió a él, al igual que a todos los que estamos aquí, en la incansable lucha por la autonomía municipal.

Por esto debemos reconocer que don Rafael es uno de esos hombres–líderes que trascendió su época, el tribalismo político e incluso este momento histórico particular.

Ha pasado a ser parte integral de nuestra conciencia colectiva, al convertirse en uno de nuestros marcos de referencia; un ejemplo que nos ayuda a demarcar nuestros sueños, aspiraciones y orgullo como pueblo ponceño. Don Rafael creía en los puertorriqueños y en los ponceños y en sus capacidades.

Su obra, sus palabras, su ejemplo y su liderazgo lo distinguen y permanecen como muestra de sus virtudes, de su compromiso y servicio social.

Ponce se transformó en una Ciudad Señorial como fue en el siglo XIX, gracias a ese emblemático proyecto que desarrolló en complicidad con su amigo, Rafael Cordero Santiago, Ponce en Marcha.

Consciente del valor arquitectónico que alberga nuestra ciudad, don Rafael luchó como miembro de la Junta de la Pontificia Universidad Católica por el establecimiento de la Escuela de Arquitectura en Ponce.

Y nos dejó un legado que juntos vamos a preservar para que las futuras generaciones conozcan a este insigne hombre de Estado, caballero y toda su obra.

Nos dejó a su Fundación Biblioteca Rafael Hernández Colón. Proyecto que mantiene acuerdos de colaboración con nuestro municipio a favor del desarrollo integral de nuestros niños y jóvenes para fomentar valores, principios éticos, morales de formación para líderes.

Don Rafael, reitero mi compromiso de honrar su legado, cumpliendo su visión: "unir voluntades diversas para hacer de Puerto Rico un mejor país".

Descanse en paz y en nombre de todos los ponceños y de todo nuestro pueblo de Puerto Rico: ¡Gracias!

La vida del ELA después de Rafael Hernández Colón

Carmen Maldonado González[*]

Los populares hemos cumplido con las últimas intenciones de nuestro gobernador Rafael Hernández Colón y con ello, se ha cerrado un ciclo en la historia política de Puerto Rico. Se abre uno nuevo, donde las generaciones que hemos aceptado el reto de abrazar el servicio público como vehículo para el progreso del país y su gente, vamos a dar nuestras batallas y el estatus político es tema obligado.

El ideal autonomista, a diferencia del anexionista que cada día es más improbable, es una realidad de todos los días. El autonomismo, por medio del Estado Libre Asociado, es la opción real y vigente que todos vivimos. Mucho se ha polemizado, desde Muñoz Marín y Hernández Colón, hasta dónde vamos a llevar ese ideal. Ciertamente, el Estado Libre Asociado como creación autonomista, ha sufrido duros golpes en los pasados años.

Hay quienes, tratando de acomodar sus ilusiones a la realidad, aseveran que el Estado Libre Asociado está muerto y le golpean sin piedad todos los días, desde distintos flancos

---

[*] Alcaldesa de Morovis.

y no con argumentos honestos. "Si el ELA está tan muerto como dicen, ¿por qué dedican tanto tiempo atacándolo?", argumentaba un compueblano moroveño recientemente en una tertulia. "Porque como en el fondo de sus corazones saben que nunca verán la estadidad, se entretienen tirando piedras. Así se quedarán", le contestó otro.

Escuchando al pueblo, que es la brújula principal que consulto a diario, añado también la profundización en el tema del estatus. Leyendo a Hernández Colón en *La Nación de Siglo a Siglo*, redescubro su línea de pensamiento:

> Puerto Rico tiene un arma, una sola, para resolver el tema del estatus político. Un arma para ganar el respeto y la consideración que merece en cualquier foro del mundo, empezando por el presidente de Estados Unidos, del Congreso y de Naciones Unidas. Un arma para validar nuestra propia estima como puertorriqueños. Esa arma es nuestra voluntad. Articularla, definirla, proyectarla y sostenerla, ese es el reto.

La vida del Estado Libre Asociado después de Hernández Colón la vamos a potenciar los que en realidad creemos en que el estatus de Puerto Rico tiene que ir más allá de los partidos que tenemos hoy. Porque el Estado Libre Asociado le ha servido a todos los puertorriqueños por los pasados sesenta y siete años y, a mi entender, tiene grandes opciones de mejoramiento, pero es la misión del Partido Popular Democrático, como institución defensora del ELA, presentarle a los puertorriqueños cómo lo vamos a hacer.

En esa misión, tenemos que abrir los espacios para cumplir con la meta y no claudicar. Para esta misión, yo estoy lista.

La juventud y Rafael Hernández Colón

Erick Vázquez González*

Nací en 1994, de modo que no tuve la oportunidad de vivir en los tiempos en que Hernández Colón dirigía el país, no obstante, desde muy joven me interesé por la figura de Rafael: ¿Quién es? ¿Cuál es su historia? La contestación a esas preguntas me la han dado familiares que activamente apoyaron a Rafael durante sus campañas, los libros y en fin, la búsqueda de su historia. Hernández Colón ha escrito sus memorias que, por supuesto, me he leído en más de una ocasión. Y es que Rafael debe ser motivo de inspiración para muchos jóvenes.

Con solo veinticuatro años comenzó a servirle a su país como comisionado asociado de la Comisión de Servicio Público. Sus proyectos y trabajos como estudiante de Derecho, específicamente su tesis, fue el foco de atención para que el líder de entonces del Partido Popular Democrático, don Luis Muñoz Marín se viera interesado por la figura de este joven de Ponce al que le esperaba un futuro brillante como servidor público.

---

* Legislador municipal de San Lorenzo.

Don Rafael fue nombrado en 1965 por el gobernador Roberto Sánchez Vilella, y con tan solo veintinueve años, como secretario de Justicia del Estado Libre Asociado. Desde muy joven se interesó en los asuntos públicos y políticos. Una de sus aspiraciones era servir desde un escaño legislativo que en aquella época era un trabajo a tiempo parcial. En su aspiración al Senado y tras resultar electo, se convirtió en el presidente más joven de dicho cuerpo con tan solo treinta y dos años. Desde la presidencia del Senado, Rafael impulsó la legislación para permitir que todo joven de dieciocho años de edad en adelante pudiera votar, fue una de las legislaciones que con más compromiso y esmero atendió. Incluso atacó a la Cámara de Representantes públicamente por no atender la medida con la agilidad que ameritaba.

Rafael escribió una página en la historia cuando se convirtió en el gobernador más joven que ha tenido Puerto Rico. En 1972 resultó electo, juramentó en 1973 a los treinta y seis años de edad. Desde entonces trazó una hoja de servicio para todo Puerto Rico. Su paso por el servicio público está ahí para que todos los jóvenes lo estudien y se interesen por su figura y sus ejecutorias.

En tiempos en que las instituciones gubernamentales sufren una crisis de liderato, miremos la historia y la forma en que hombres como Rafael echaron el país hacia adelante.

Ojalá que los líderes de mi país miren más a su juventud y los deseos que tienen de aportar. Ojalá el Partido Popular de hoy busque esos talentos que, como Rafael, quizás están ahí, esperando a ser llamados para enrollarse las mangas y trabajar.

Retomemos las instituciones

Jesús Colón Rosado[*]

No es un secreto que los partidos políticos en Puerto Rico se encuentran en un estado de crisis. La falta de interés hacia ellos por parte de los jóvenes, y la falta de representación de la clase trabajadora y los sectores marginados, ha arrinconado a los principales movimientos políticos que hasta hace una década aglomeraban miles de seguidores.

Ante la partida del hombre que reescribió la historia del servicio público, su trayectoria presenta la oportunidad de reflexionar sobre como nosotros los jóvenes, que no vivimos su administración, podemos aprender y emular su figura. Sencillo, retomando las instituciones decaídas, que en sus mejores momentos sirvieron al pueblo. El Partido Popular Democrático tiene su génesis en la lucha por la erradicación de la desigualdad social, la falta de empleos, el hambre y la pobreza. Lamentablemente el siglo XXI vuelve a presentar los mismos síntomas de enfermedad social, sin una aparente medicina como remedio. ¿Qué haremos para frenarlo?

En fin, ante la partida del gran puertorriqueño Rafael Hernández Colón, debemos reflexionar a qué aspiramos como país. A cómo vamos a retomar las instituciones que

---

[*]   Legislador municipal de Cayey.

durante los últimos años han fallado en representarnos. Si continúa la división política, que resulta en la elección de líderes políticos que no logran la mayoría del voto popular; entonces los intereses de los más vulnerables continuarán siendo secundarios.

La falta de empatía, programas sociales dirigidos a combatir la pobreza y la creación de empleos dignos que pongan freno al éxodo masivo hacia los Estados Unidos, solo se puede detener y lograr con el surgimiento de jóvenes líderes, dispuestos a servir a su país, para así juntos redactar la Nueva Tesis del siglo XXI.

Rafael, fuiste y serás un ejemplo a seguir para la juventud.

¡Juventud en Marcha!

RAFAEL HERNANDEZ COLON

SENADOR POR ACUMULACION

Uno de los gobernantes más distinguidos

Bob Menéndez*

Hoy, me uno al pueblo de Puerto Rico, a los puertorriqueños en Nueva Jersey y en todo el mundo en expresar mis condolencias por el fallecimiento del exgobernador Rafael Hernández Colón. Uno de los gobernadores más distinguidos de Puerto Rico, la vida y el legado de Hernández Colón marcó el curso de la historia de la isla y la vida de sus habitantes. Sin importar las creencias políticas o posición ideológica sobre el estatus de Puerto Rico, nadie puede negar que el gobernador Hernández Colón fue un verdadero, incansable servidor público cuyo amor por Puerto Rico y su gente nunca fue interrumpido. Mi más sentido pésame a su familia y seres queridos. Lo extrañaremos.

Siempre vigente

Chuck Schumer†

Lamento la noticia de que falleció el exgobernador Rafael Hernández Colón. Su liderazgo y legado luchando por Puerto Rico siempre estará vigente.

---

* Senador por el estado de Nueva Jersey.
† Senador por el estado de Nueva York.

Puerto Rico lost a hero

Nydia Velázquez*

On Thursday morning, Puerto Rico lost a hero and a giant in our island's modern political history. Rafael Hernández Colón was a statesman, a brilliant political mind and a tireless fighter for economic and social justice.

I had the privilege of serving under Rafael when he appointed me Secretary of Puerto Rico's Department of Federal Affairs in the United States, where we launched one of the most comprehensive voter registration campaigns in the United States. That unprecedented campaign, called *Atrévete* was responsible for registering more than 230,000 Puerto Rican voters across the entire nation in states like Florida, Ohio, Illinois, Connecticut, New York, New Jersey and several others.

This landmark effort unleashed a wave of new Puerto Rican elected officials. Shortly after the campaign successfully concluded, I was elected to Congress as the first Puerto Rican woman to hold the office. That same year, my close friend and former colleague Luis Gutiérrez also won his seat. Our dear colleague José Serrano came to Congress two

---

* Congresista por el séptimo distrito de Nueva York.

years before. Every bit of the political empowerment that Puerto Ricans have today can be traced to Rafael's work.

Rafael understood that Puerto Rico was "un solo pueblo" —one people— divided by an ocean but united in our pride for our Boricua heritage. Long before launching the *Atrévete* program, he was laser focused on building bridges between the island and the diaspora. Always pursuing unity, he actively campaigned for Herman Badillo, then the first Puerto Rican to be elected to Congress from my great state of New York. He knew that when the Puerto Rican population in the states allied with those on the island we could accomplish more for Puerto Ricans everywhere.

That symbiotic relationship was cemented, and bridges were built and strengthened to emphasize our unity. Thanks to the bricks laid by Rafael Hernández Colón, our island and diaspora have built a closer and more unified collaboration that is more crucial now than ever before.

Rafael's legacy includes championing the cessation of bombing and other military target practices by the U.S. Navy on the island of Culebra, which finally left the island municipality in 1975. Rafael was also the chief architect of the enactment of section 936, tax laws that created good-paying manufacturing jobs for 300,000 Puerto Ricans at its peak. Through skilled diplomacy and effective grassroots lobbying, Rafael was able to garner the support of the Puerto Rican stateside community and convince the Reagan administration not only to keep the important tax incentive, but also to expand it and create the Caribbean Basin Initiative, which brought several Caribbean and Central American countries under the economic and security umbrella of the U.S., thanks to the economic partnership Puerto Rico played with 936 funds and the example of economic success.

Much of Rafael's time in public service was defined by empowering those who have traditionally been without a voice. It was my honor to collaborate with him in helping so many Puerto Ricans participate in our electoral process.

With his passing, I have lost a dear friend, an inspiration and a mentor. He was once quoted as saying: "'As long as I believe I'm standing the right ground, I'll hold.' Rafael, my friend, you may no longer be standing beside us in the trenches, but we will hold the ground. We will carry on and honor your memory by advancing the ideals you held dear.

Joaquín Balaguer, expresidente de la República Dominicana,
y Rafael Hernández Colón

Latinoamericanista con especial preocupación por el Caribe

Leonel Fernández*

Hemos recibido con mucho pesar la triste noticia del fallecimiento del gobernador Rafael Hernández Colón. Al rememorar su legado, pensamos en un gran gobernante que contribuyó al progreso y bienestar de su pueblo; en un intelectual, preocupado por el desarrollo de las ideas; un destacado jurista, siempre atento y respetuoso del Estado de derecho; y un prominente humanista, preocupado por fomentar la cultura, el conocimiento, la investigación y la innovación.

El doctor Hernández Colón fue un latinoamericanista con especial preocupación por el Caribe, muy especialmente interesado en fomentar las relaciones dominico–puertorriqueñas. Justamente le conocí mientras él era gobernador y yo un dirigente político dominicano que visitaba con frecuencia la encantadora isla de Puerto Rico.

Posteriormente, tras el fallecimiento del presidente dominicano Joaquín Balaguer tuve la ocasión de compartir a su

---

* Presidente de la República Dominicana (1996–2000, 2004–2012).

lado las honras fúnebres. Luego, en mi condición de presidente de la República Dominicana realicé varios viajes a Puerto Rico en los que pude compartir agradables e interesantes momentos con don Rafael.

La última vez que le vi fue en Budapest mientras él estaba en compañía de su esposa doña Nelsa, e inmediatamente nos reconocimos iniciamos un ameno diálogo propio de dos amigos que se reencontraban. En ese momento le percibí saludable, con su proverbial perspicacia y amabilidad.

En definitiva, con el gobernador Hernández Colón ha habido un prolongado vínculo de amistad y admiración. Desde la República Dominicana compartimos la tristeza que embarga a su familia y al pueblo de Puerto Rico producto de su fallecimiento. Les externamos nuestras más sentidas condolencias, así como nuestra esperanza de que encuentren consuelo en la paz de Dios y en el inmenso legado que nos ha dejado don Rafael.

Figura fundamental

Rubén Berríos Martínez[*]

Rafael Hernández Colón fue un hombre de profunda inteligencia y fe, y figura fundamental en el Puerto Rico del último medio siglo. Personalmente, puedo dar testimonio de que siempre fue consecuente con sus convicciones, batallador en todas las lides que enfrentó y, sobre todo, fue un hombre gallardo y de palabra. No hubo una sola ocasión en que, luego de que llegáramos a un acuerdo, no lo cumpliera.

---

[*]   Presidente del Partido Independentista Puertorriqueño.

Honremos a Rafael Hernández Colón ayudando a Puerto Rico

Juan Carlos Albors[*]

Desde que se inició en la política partidista a mediados de la década de los años 60, Rafael Hernández Colón tuvo claro su compromiso inquebrantable con el Estado Libre Asociado (ELA) y con el desarrollo de Puerto Rico en todos los ámbitos.

De sus muchas preocupaciones, una de las que más me llamó la atención fue su empeño por obtener del Congreso mecanismos que nos ayuden a apuntalar y fortalecer nuestra economía, dentro de la relación política con Estados Unidos.

Ese esfuerzo intelectual fue siempre acompañado con su entrega total al desarrollo del ELA y su potencial como instrumento de desarrollo político, económico y social.

Siendo yo muy niño recuerdo a Hernández Colón compartiendo ideas con mi padre, Juan Albors, quien fue presidente del Banco Gubernamental de Fomento, secretario de Estado, y uno de sus principales asesores financieros.

Ambos tenían una relación que iba mas allá de su compromiso con el país, pues eran amigos desde pequeños y se disfrutaban lo que hacían, dando lo mejor de sí al país.

---

[*] Abogado.

122

De Hernández Colón aprendí lo que era el servicio público y el compromiso que uno adquiría cuando entraba al Gobierno, a servir y no a servirse.

Su profunda religiosidad, su fuerte sentido moral de la vida y su sólida formación intelectual le permitieron servir al país, aun fuera del Gobierno, siempre disponible para aconsejar y llamar la atención sobre lo que consideraba buen gobierno.

Ha sido, principalmente, su compromiso y esfuerzo en la búsqueda de mecanismos para apuntalar nuestra economía lo que me ha motivado desde hace años a pensar en la identificación de instrumentos que nos puedan ayudar en ese esfuerzo.

Es por eso que llevo a cabo gestiones entre congresistas y senadores federales para impulsar legislación que permita a Puerto Rico lograr acuerdos contributivos con otros países, dentro del marco legal de Estados Unidos, de manera que podamos incentivar empresas de manufactura y de otro tipo a establecerse en Puerto Rico.

Estimo que si esas gestiones avanzan y logramos que se apruebe esa legislación, Puerto Rico tendrá en sus manos mecanismos para promover efectivamente el desarrollo económico con el establecimiento de empresas que podrían generar miles de empleos y allegar al erario mucho dinero en contribuciones, algo tan vital en estos momentos en nuestra economía ha perdido en los últimos años tanto capital.

Pienso que, si logramos avanzar en este esfuerzo, estaremos honrando a nuestro querido Rafael Hernández Colón en su empeño por fortalecer nuestra economía y el subsiguiente desarrollo político de Puerto Rico.

End of an era

Heidie Calero*

Puerto Rico Governor Rafael Hernández Colón died May 2, 2019 after a long battle against leukemia and surrounded by his loving family. He was 82, same age as that of Governor Luis Muñoz Marin when he died several decades ago. Guess they will have a lot to chat about now.

Well-deserved honors by the people of Puerto Rico, current Governor Ricardo Roselló declared a 30-day mourning period, the legislative and judicial branches as well as countless public servants, family, anonymous friends, and persons like me who had the privilege of knowing him and collaborating with him witness the end of an era. Many who have preceded me in exulting the leadership of Governor Hernández Colón may have been more eloquent in their expressions, but my reflection is personal and up-close.

In 1974, I returned to Puerto Rico after completing my graduate studies in Economics in England. I had the privilege of starting immediately to work for the PR Office of Budget and Management as it was called then. Part of my duties was to attend the meetings of the Financial Council, presided by Governor Rafael Hernández Colón, a very

---

* Economista.

young governor at the time. Looking back at that period, I reminisce how fortunate I was to witness history in the making. The first oil shock and widespread economic recession took place during fiscal year 1974-1975. An economy in disarray with mounting fiscal deficits, Governor Hernández Colón retained the services of the well-known economist James Tobin for analysis and recommendations. The austere and difficult measures that were implemented cost him his re-election in 1976. The economy improved and in 1984 he governed Puerto Rico once again, this time for two terms.

A man of great intellect, always viewing the forest and not just the trees, he always enjoyed a challenging discussion and above all, he was a great listener. I know because I enjoyed the frank and open discussions regarding the economy, housing, poverty, income inequality, and the concern to make a difference in our lives. Yes, I shall miss this leader, who was also a man who loved and was loved, with great attributes and also frailties.

Though he did not go for re-election in 1992, he was always present in subsequent key political decisions. His book *Contra Viento y Marea* (liberally translated as *Against All Odds*) is one of my favorites, concise, factual, and personal. Yes, his absence will be sorely missed and though it is the end of an era of true leaders and public servants, it could be the new beginning for those who would like to follow in Governor Rafael Hernández Colón footsteps. 'Till we meet again my friend! RIP.

Muere un individuo y resucita un pueblo

Máximo Cerame Vivas*

"Cosas del destino", podríamos decir. Pero no hay otra forma de explicar cómo la muerte de un hombre de ochenta y dos años, paciente de una enfermedad ya terminal, entregado por la medicina a morir allí en la tranquilidad de su hogar, en compañía de sus más cercanos, se convierte en la resurrección de todo lo que creíamos haber perdido. Con la muerte de Rafael Hernández Colón resucitó Puerto Rico. Resucitó el reconocimiento de cuánto vale el verdadero valor, tanto el de valía como el de valentía. Resucitó el aprecio al fervor, a lo veraz y lo correcto, a lo vertical. Resucitó el clamor de gritar, a señalar, por boca de muchos, que Rafael Hernández Colón era el último de los que ya se acabaron, pero que tanta falta hacen. Y resucitó la prueba de que nuestro pueblo ansía una tranquilidad que la política hoy no nos está brindando. Ha surgido el clamor de que el bravucón que insulta en automático no debe ser par de nuestro ser como pueblo.

---

* Fundador del Departamento de Ciencias Marinas del Recinto Universitario de Mayagüez.

La muerte de Rafael Hernández Colón ha hecho renacer el espontáneo respeto público a la vida en familia. Ha quedado demostrado que, ante nuestra gente, con vaivenes o no, la familia ha sido y debe seguir siendo núcleo de fuerza apreciado por nuestra sociedad. Esta muerte también ha hecho reflorecer que la vida pública y el servicio público pueden ser tareas de vocación, caridad, amor y respeto, todo ello estando languideciendo hasta ahora. La muerte de Rafael Hernández Colón ha dejado ver que se puede vivir la política desde un punto de vista intelectual y académico, como fenómeno social y de mentes. Rafael Hernández Colón era un intelectual de la política, un estudioso de la evolución de nuestro pueblo y un *scholar* del pensar político y de las alternativas de país que merecen ponderada consideración.

Me atrevo a este discurrir no por haber sido amigo íntimo de Rafael Hernández Colón. Aunque mi difunta esposa Rita María fue compañera de Rafael Hernández Colón en la escuela infantil —el Liceo Ponceño— mi ventana hacia Rafael es gracias a que conozco bien a su hermano César, ejemplo muy cabal de la valía de esa su estirpe.

Pues, muere un individuo que hace resucitar un pueblo. Vislumbro como analista, y no como pitoniso, que la muerte de Rafael Hernández Colón va a poner a trabajar al Partido Popular Democrático como nunca antes para reestructurar su misión como partido. El clamor hacia la trayectoria de Rafael Hernández Colón le ha dado nueva vida al PPD en un plano serio, de envergadura, y de plétora de posibilidades si se encauzara debidamente. El PPD tiene una magnífica oportunidad de sacar escombros y de traer nuevos pilares visionarios que sepan quién y cómo se pueden acomodar en el ambiente actual con miras hacia adelante y tejedores de buenos lazos.

La muerte de Rafael Hernández Colón, por el contrario, es lo peor que le puede haber sucedido al Partido Nuevo Progresista. La visión y la estrategia del PNP, para aquí y para allá, se ha desplomado estrepitosamente con la muerte de Rafael Hernández Colón y el impacto de pueblo que esa muerte ha tenido sobre el pensamiento de todos. Todo lo que ha surgido de la muerte de Rafael Hernández Colón huele a nobleza, algo que el PNP parece no haber atendido muy recientemente. La muerte de Rafael Hernández Colón ha aclarado más la mente puertorriqueña que la campaña más costosa y mejor pensada que se haya podido diseñar. Y, hablando de estaturas, la estatura de Rafael Hernández Colón tiene que poner a pensar a todos sobre qué hay que hacer para atreverse a trabajar en ese nicho.

Hay mentes por ahí que podrían fortalecer pensamientos en beneficio de Puerto Rico como los que entretenía Rafael Hernández Colón.

Legado impresionante de Rafael Hernández Colón

Jorge Colberg Toro[*]

La vida de Rafael Hernández Colón deja un legado verdaderamente impresionante. Sus aportaciones se extienden en prácticamente todas las facetas del país, dejando huellas imborrables en el servicio público, el deporte, la cultura, la academia y la política. Al iniciarse, como secretario de Justicia, logró la excarcelación de 15 presos nacionalistas que estaban en prisión desde la década del 50 y de ahí en adelante —como presidente del Senado y gobernador— su hoja de servicio se convirtió en un capítulo impecable de nuestra historia.

En el campo de los derechos, logró bajar la edad de votar a los dieciocho años; aprobó la ley contra el despido injustificado; nombró la primera mujer a la secretaría de Estado y de la Gobernación, a la Contraloría y al Tribunal Supremo. Creó la Comisión de Asuntos de la Mujer y firmó la Ley Contra la Violencia Doméstica.

Creó las Oficinas del Procurador del Veterano, de las Personas con Impedimentos, la Oficina de Asuntos de la Vejez y creó la Carta de Derechos de las Personas de Edad Avan-

---

[*]   Representante (2003–2013).

zada. Igualmente, el Departamento de Asuntos del Consumidor y la Administración del Derecho al Trabajo.

En la cultura y el deporte, fundó el Plan Ponce en Marcha, desarrolló la zona histórica de San Juan con el desarrollo de la Princesa, la Plaza del Quinto Centenario, el Museo de Ballajá y mejoras al Archivo General. Reconoció por ley la autonomía al Comité Olímpico y construyó su sede; viabilizó el Albergue Olímpico y la Ciudad Deportiva Roberto Clemente.

Desde el Gobierno, logró la aprobación de la sección 936 del Código Federal de Rentas que permitió la creación de más de 100,000 empleos en la siguiente década y, de forma complementaria, estableció el programa de las Plantas Gemelas que reconoció el presidente Reagan. Asimismo, logró la inclusión de Puerto Rico en el programa de asistencia nutricional.

Detuvo los bombardeos y sacó la Marina en la isla de Culebra; creó junto a la Casa Blanca, el Comité Ad Hoc para atender el tema del estatus político; estableció el Banco de Desarrollo Económico, la Ley de Municipios Autónomos y la Ley de Procedimiento Administrativo Uniforme. Entre 1985 al 1992, bajó el desempleo en un 10% y la economía creció a una cifra récord de un 4% anual.

En seguridad, creó la Oficina de Ética Gubernamental, la Oficina del Fiscal Especial Independiente, la división de FURA en la Policía, los Consejos de Seguridad Vecinal y el Instituto de Ciencias Forenses.

En educación, aprobó la ley del español como lengua oficial, el programa que daba prioridad de empleo a los jóvenes y los viajes estudiantiles del cual se beneficiaron sobre 15,000 jóvenes; aprobó la primera reforma educativa que contenía el fondo perpetuo de mil millones de dólares para la educación y estableció los procesos de consulta a los estudiantes para la selección de los directivos en la Universidad de Puerto Rico.

En infraestructura, inauguró la primera fase del sistema de teléfono celular, adquirió las primeras lanchas para brindar servicio de Fajardo a Culebra; aprobó el marco regulatorio para los Paradores Puertorriqueños, las salas nocturnas de los tribunales, el primer proyecto de Alianzas Público-Privadas con el Puente Teodoro Moscoso y estableció el sistema de administradores privados en los residenciales públicos.

En la salud, creó el primer albergue en el Centro Médico para pacientes con el síndrome de inmunodeficiencia adquirida (sida) y construyó el Centro Cardiovascular de Puerto Rico y el Caribe.

Hernández Colón fue un autonomista pragmático y aunque muchos injustamente lo llamaban inmovilista, al repasar la historia, vemos que en los momentos en donde más se adelantó el desarrollo del ELA —el Nuevo Pacto y el proceso congresional de 1989-1991— fue bajo su presidencia. Dejó un país mejor del que recibió, con obra creadora y ejemplo de vocación. Llevó al Partido Popular a triunfos históricos y nos levantó de la derrota, con tesón y convicción. En fin, se trata de un testimonio de obra creadora, responsabilidad y de amor al país.

Conocí a Rafael Hernández Colón de niño, mientras acompañaba a mi padre, Severo Colberg, a una visita a Ponce. Para mí fue un momento inolvidable porque se trataba del sucesor de Luis Muñoz Marín y eso, en mi casa, era sagrado.

Luego lo veía, esporádicamente, en la sede del PPD o en su oficina en el edificio Belén en Guaynabo, donde mi papá y él se reunían con bastante frecuencia. Recuerdo que mientras esperaba afuera, el exgobernador siempre salía a saludar y preguntarme cómo iba en la escuela.

Más adelante, tras la muerte de mi padre en diciembre de 1990, Hernández Colón nos invitó, a mis hermanos y familia, a La Fortaleza a firmar una ley —de la autoría de Antonio Fas Alzamora— que le otorgaba el nombre de mi papá a la nueva escuela de Cabo Rojo. Ese día nos dijo que siempre estaría para nosotros y así mismo fue.

Desde ese momento en adelante, literalmente, le tomé la palabra. Comencé a visitarlo y conversar con él, inicialmente, para oír anécdotas de Severo ya que por ser el menor de seis hermanos, sentía que era el que menos tiempo había tenido en vida de compartir con mi papá y de esa forma, confieso —al escuchar a Hernández Colón— me sentía más cerca de mi padre.

Desarrollamos una amistad que se extendió por veinte años, al punto que no recuerdo decisión trascendental en mi vida pública que no le haya consultado. Hernández Colón era un hombre bueno, en todo el sentido de la palabra; disciplinado, responsable, honesto y brillante. Le fascinaban las tertulias y aunque perdí la cuenta, en todas había historias de su vida con Muñoz, del Partido Popular y, como él decía, de la "brega" política.

Contaba anécdotas, sus vivencias en las campañas y el Gobierno; pero lo más que disfrutaba era contarme las "maldades de Severo" que parecían no tener fin. Reía a carcajadas y un día en su casa, al despedirnos, mientras suspiraba con mirada al cielo, me dijo: "Severo era mi leal amigo. Nunca incumplió una encomienda; no sabes la falta que me hace".

Hoy lloramos su partida, pero agradecemos a Dios por su vida.

Rafael, gracias por tus enseñanzas, tus sabios consejos y tu amor a la Patria. Cumpliste con honor la encomienda de Muñoz. Y ahora, de los brazos del Creador, sé que comienzas una nueva tertulia, esta vez, junto a don Luis, don Miguel y Severo, quienes te abrazan hasta la eternidad.

Rafael Hernández Colón y el arte de gobernar

Carlos Dalmau Ramírez

En los tiempos que corren, es difícil capturar la dimensión del hombre de Estado que fue Rafael Hernández Colón. Decir que Hernández Colón fue uno de nuestros grandes líderes políticos, de inmediato genera sospechas en un país donde "lo político" se ha convertido en sinónimo de todo lo malo. Sin embargo, me atrevo a decir que, fuera de Luis Muñoz Marín, Rafael Hernández Colón es el gobernador puertorriqueño de mayor trascendencia en nuestra historia política. ¿Qué lo hace merecedor de este sitial? Sabemos que logró el favor del pueblo en tres ocasiones, siendo gobernador por un total de doce años. Sabemos que dirigió con pericia y claridad de miras al Partido Popular Democrático. Sabemos que impulsó un repunte económico, apalancado con las herramientas de la autonomía fiscal. Sabemos que fortaleció nuestras instituciones democráticas y defendió tenazmente la cultura puertorriqueña.

Sin embargo, por formidables que sean estos logros, no capturan la huella más honda de Hernández Colón. La clave, a mi juicio, está en el arte de gobernar, o más bien en ese aspecto del gobernar que no es medible científicamente. Me refiero al impacto cualitativo que tuvo el gobernador Hernández Colón en mejorar a los ciudadanos a quienes sirvió desde el poder. Aunque en esto solo Luis Muñoz Marín le supera, Rafael Hernández Colón tiene su sitial asegurado en nuestro panteón democrático por su capacidad de elevar al ciudadano en su autoestima, en sus capacidades y en su potencial de florecer.

La marca del gobernador Hernández Colón es la excelencia misma —la propia, que él se exigía a sí mismo y a los funcionarios de su Gobierno y la del pueblo al que convocó, una y otra vez, a elevarse para alcanzar las más altas cumbres. Gracias a ese *ethos* y a su estilo de liderazgo, el horizonte de nuestras posibilidades como pueblo se hizo más ancho.

Un ejemplo de esto fue el compromiso formal que contrajo en 1989 para que Puerto Rico fuera sede olímpica en el 2004. Rafael Hernández Colón reconoció en este proyecto monumental "una idea–fuerza para un impulso de superación mucho más amplio". Nuestra sociedad respondió con seriedad y entusiasmo ante este proyecto extraordinario. El objetivo, al final, no se alcanzó. Pero, ¿no fuimos mejores gracias al esfuerzo?

Hoy, al mirar atrás, con los ojos de la quiebra, muchos ven aquello como un sueño desmesurado, divorciado de nuestra triste realidad mediocre. Verlo así, es un grave error. El gobernador Hernández Colón es lo contrario de la mediocridad; es la excelencia, es la gobernanza competente hacia lo bueno y es el sentido del deber. Desde el maquiavelismo y el nihilismo imperantes hoy, es difícil entender el impacto que tuvo el gobernador Hernández Colón en sus contemporáneos y en los que le conocimos desde una nueva generación de puertorriqueños.

135

Para entender estas cosas es aconsejable recurrir a la sabiduría de los antiguos griegos. Para Platón, la marca del buen líder consiste en mejorar el alma de los ciudadanos. Más que ninguna otra cosa, el buen gobierno consiste en hacer mejores a los ciudadanos de la polis. Aunque, tanto en las personas como en los pueblos, esa tarea de mejora es siempre un devenir inconcluso, Hernández Colón llegó más lejos que la gran mayoría.

Ese es el legado de Rafael Hernández Colón. Ese legado no lo puede borrar ni la quiebra, ni la ley PROMESA, ni el clima decadente de estos tiempos, porque le pertenece al alma de Puerto Rico. Por esto, Hernández Colón merece el eterno agradecimiento de su pueblo.

Mis memorias de Hernández Colón

Jaime L. García[*]

Conocí, diría yo, bastante de cerca a Hernández Colón. Cuando hace veinte años fui ayudante especial y uno de los cercanos colaboradores del fenecido alcalde de Carolina, José E. Aponte De La Torre, tuve el primer contacto. Estábamos trabajando en enmiendas a la Ley de Municipios que Hernández Colón había propulsado en su tercer término. Aponte era un revolucionario de la autonomía municipal y tenía esto "entre ceja y ceja". Irónicamente, esta ley le restaba al Gobierno central poderes y se los otorgaba a los Gobiernos municipales. La visión de Hernández Colón era que el poder residía en los Gobiernos locales y no en el central; una posición de vanguardia.

La visión de Hernández Colón tenía su progenie en los sistemas regionales de España los cuales había estudiado bien. Irving Faccio, Aníbal Acevedo Vilá, Carole Acosta e Ismael Pagán, lograron redactar los proyectos de reforma municipal. Se había aprobado esta legislación en 1991 y con los cambios de administración pública, no se había podido lograr un desarrollo esperado. Obviamente, le quitaba po-

---

* Director ejecutivo de la Asociación de Alcaldes (2001–2013).

deres al Gobierno central. Salvo varios municipios, Ponce, Guaynabo, Bayamón, Carolina y alguno de los pequeños, habían alcanzado varias jerarquías de descentralización; Ponce el mayor. Aponte me comentó una vez, un tanto sentido, pero jocoso, que Hernández Colón quiso aprobar el plan de Ponce primero antes que el de Carolina. Eso era obvio; su amigo de infancia Churumba era alcalde, él era de Ponce y ya había iniciado Ponce en Marcha.

Luego cuando Miranda Marín fue presidente de la Asociación de Alcaldes, tuvimos múltiples reuniones con Hernández Colón sobre enmiendas específicas a la Ley de Municipios. Recuerdo una que tuvimos en el Jardín Botánico en Caguas en donde se redactó el proyecto final. Se radicó el proyecto y La Fortaleza nos "liquidó" varias de ellas. Todo por el temor del Gobierno central de ceder poderes a los Gobiernos locales. Esto me costó disgusto con asesores del gobernador de entonces. En todo este proceso, mi conspiración con Hernández Colón era constante, pero fue mi aliado y defensor.

Aparte del tema de los municipios, yo frecuentaba en Ponce a Hernández Colón, diría cada seis semanas. Las reuniones no duraban más de una hora. Hernández Colón era muy centrado, a veces demasiado pensativo, recordaba mucho sus aciertos y desaciertos en sus años como gobernador y yo se los comentaba y me miraba con profundidad agarrándose la nariz y cerrando el ceño. Hablábamos de política, del PPD, de los municipios, de los candidatos y de alternativas para Puerto Rico. Conversamos muchas veces de cómo promover el desarrollo económico, de PROMESA, qué podían hacer los industriales en Washington, buscar mecanismos como las 936 para promover empleos y la manufactura. Por mi parte, y él igual, fuimos extremadamente sinceros; le decía las cosas como las veía, le gustaran o no. Por esto creo nos respetábamos mutuamente y nos teníamos gran afecto y cariño. No había una vez que yo lo llamara que él no me contestara.

Lo vi la última vez en su casa en San Juan en marzo. Recuerdo se estaba tomando un jugo de frutas que me dijo era bueno para los glóbulos. Hablamos extensamente de las primarias para la gobernación del PPD, los candidatos, las estrategias, consejos, recomendaciones y el futuro. Todas, de un hombre sabio de mil campañas.

Los líderes como Hernández Colón pasan por la vida de cuando en vez. Cojamos su ejemplo, emulemos su compromiso con Puerto Rico. Muñoz Marín le dijo en una ocasión a su amigo Luis Palés Matos: "Qué haces tú fuera de este mitin".

Una anécdota para la historia

Irene Garzón Fernández[*]

El 4 de noviembre de 1988, Rafael Hernández Colón parecía tener perdida su reelección como gobernador en los comicios que se efectuarían el martes siguiente. Esa noche, sin embargo, todo cambió. Y, curiosamente, la virazón la facilitó su contrincante principal en esa campaña: el entonces candidato penepé Baltasar Corrada del Río.

Hernández Colón había salido en desventaja del debate televisado entre los candidatos a la gobernación, pero Corrada del Río no se conformó y lo retó a un debate particular, pagado por él, a efectuarse a las 10:00 de la noche del 4 de noviembre, el viernes previo a las elecciones.

Hernández Colón rechazó la invitación y ese mediodía reiteró a los periodistas que no acudiría. Pero, empujado por esa astucia política que le había dado la experiencia, se ideó secretamente una aparición por sorpresa en el *set* de televisión.

A eso de las 7:00 de la noche, hizo que su secretaria localizara a dos periodistas, a mi editora en United Press International, Nilsa Pietri Castellón, y a mí, que era reportera

---

* Periodista.

140

política y había cubierto la Fortaleza desde la administración de don Luis A. Ferré.

Ubicadas ya fuera del trabajo, nos hizo ir al hotel Regency, en la avenida Ashford, y esperar por él. No sabíamos para qué, pero intuíamos que se trataba de una noticia importante.

Poco después de las 9:00, mientras esperábamos en el vestíbulo en compañía de su ayudante, Lizzie Maldonado, apareció vestido de traje oscuro y con maquillaje de televisión en su rostro.

Allí nos dijo que iría al debate con Corrada del Río, pero que quería que, como periodistas, lo acompañáramos para reportar cualquier incidencia. Preveía que le impidieran entrar al debate después de haber rechazado la invitación y quería asegurarse de que la prensa lo contara.

Partimos en su auto oficial, con un vehículo escolta, y aguardamos a las afueras de la televisora, en Puerta de Tierra, hasta que, desde la cabina del estudio, le avisaron por uno de aquellos rústicos teléfonos celulares de entonces, que había empezado la transmisión en directo.

Ordenó a su chofer mover el auto hasta la entrada, cuyo portón estaba cerrado, y él mismo le anunció al sorprendido guardia de seguridad que se trataba del gobernador y quería entrar.

Se abrió de inmediato el portón y, una vez detenido el auto, se bajó de prisa y entró a la estación a paso ligero, tanto que era difícil seguirlo.

Al llegar al estudio, empujó la puerta, entró y, ante la mirada sorprendida de Corrada del Río, que hablaba desde un podio, le pasó por detrás, ocupó el podio vacío que había sido colocado para él y retó a su contrincante a debatir.

Detrás de las cámaras, José Alfredo Torres, ayudante de Corrada del Río, quedó también atónito y comentó: "Le dije que lo grabara de antemano".

El país vio en ese debate a un Hernández Colón distinto al del debate oficial: agudo, riéndose, a la ofensiva frente a un Corrada del Río que no pudo recuperarse nunca del asombro.

"Eche pa' alante, eche pa' alante", fue el saludo desenfadado que le dio a Corrada del Río. El resto fue un encuentro desigual que determinó el curso de la historia.

Fue un encuentro decisivo. El martes siguiente, Hernández Colón ganó la reelección por un margen de 50,000 votos.

Hombre que no tiene final

Laura Guerrero de León

Hay historias dentro de la historia de todos los seres humanos. Muchas de ellas tienen que morir con ellos, cuando se trata de figuras públicas. Sin embargo, me atreveré a contarles la que tenía que permanecer sellada, por razones políticas, mientras viviera el gobernador Rafael Hernández Colón.

Comienzo declarando que soy socialista. Que me mueve el interés de que se conozca el buen ser humano que fue y seguirá siendo el espíritu del exgobernador. Hay una década, entre los 80 y 90, donde estuve trabajando en la Cámara de Representantes y haciendo mis estudios de Derecho. Era una madre soltera con hijos adolescentes. En los veranos era un caos el compromiso de cuidar estos jóvenes, ante la amenaza de las drogas y la oleada criminal que nos comenzaba a arropar. Por esta y otras razones, aproveche la oportunidad que me ofrecía un enlace entre la Misión de Puerto Rico en Cuba y un sector revolucionario que daba educación integral a los hijos de socialistas e independentistas que promovía valores patrios y gestiones que promovieran el bien común. En veranos nuestros jóvenes se ofrecían como voluntarios para ir a trabajar en construcción y otras tareas a nuestra hermana isla. El trayecto era vía República

Dominicana a Cuba y en otras ocasiones vía Jamaica. Podría haber alternativas.

Uno de esos veranos, Cubana de Aviación, lleva como acordado a República Dominicana a cerca de 100 de estos jóvenes de regreso, que luego se traerían aquí por una línea aérea en ese momento muy popular. Pero el egoísmo y mezquindad en la República se apodera de la compañía aérea y del entonces Gobierno y dejan varados a estos jóvenes, exigiendo $9,000 para la gasolina del avión. Mucha tensión se observa en Cuba y en Puerto Rico, obligando esto a que Cubana de Aviación permanezca en el aeropuerto, para de no concretarse el acuerdo, llevar de vuelta a los jóvenes a Cuba y no dejarlos en República Dominicana.

Uno de mis hijos, por tener padre dominicano, le es concedido hacer llamadas para las gestiones de lo solicitado. Debo anotar aquí que fueron llevados por parte de las autoridades dominicanas a cárceles mientras el soborno se concretaba. Esa línea aérea, que llamaremos Dominicana de Aviación, se estaba aprovechando de la prohibición de viajar a Cuba establecida por el Gobierno del imperio y de la modalidad vigente del FBI de perseguir a los que así lo hicieran. Así las cosas, crece la angustia y la ansiedad de los padres en Puerto Rico, que, sin recursos económicos y logísticos, querían sus hijos de vuelta sin hacer ruido, a manera de evadir las sanciones en aquel entonces. En las cárceles de República Dominicana, no se da comida ni ropa, así que lo primero, era asegurarnos que nuestros hijos comieran y estuvieran seguros. De lo contrario, era preferible que retornaran a Cuba, pues solo podía estar el avión 48 horas en República Dominicana.

Comenzó una campaña para solicitar solidaridad del pueblo dominicano para que llevara alimentación a estos cerca de 100 jóvenes a las dependencias carcelarias donde se encontraban, en lo que nos movíamos a conseguir el dinero demandado por la aerolínea dominicana. El pueblo dominicano de a pie se volcó en la preparación de alimentos para nuestros hijos y la gestión de llevarlos a la cárcel. Una de mis mayores debilidades es la ansiedad en todo lo que tenga que ver con nuestros hijos. Así que me arriesgué a comunicarme con el gobernador de Puerto Rico, por medio del personal del Departamento de Estado.

Esa noche durmieron en mi casa varios padres, esperando la llamada de las gestiones que se hacían para la respuesta del gobernador Rafael Hernández Colón. Como a eso de la medianoche la llamada entró y era el mismísimo gobernador. Con sumo cuidado y suavidad solicitó los detalles de la situación y nos solicitó tiempo, que no teníamos, para ver cómo manejaba el asunto y el ángulo para hacerlo era muy importante. Nos solicitó discreción como lo más importante por el momento. Al otro día, *Claridad* esperaba con prudencia cómo daba a conocer la noticia. Acordó guardar silencio ante la situación. Nos trasladamos todos al aeropuerto nuevamente y desde allí esperamos la respuesta del gobernador, para decidir qué decir a Cubana de Aviación y a las autoridades dominicanas.

Omito aquí los detalles de lo sucedido, que fue sumamente delicado en este asunto de las relaciones internacionales. Les resumo que Rafael Hernández Colón no solo envió un funcionario del Departamento de Estado a República Dominicana, sino que personalmente exigió a la línea aérea que trajera un avión de los radicados en la sede en Miami, con destino a Santo Domingo y luego aterrizando en Isla Verde, donde todos los familiares esperábamos. En una llamada breve, pero dándonos mucha tranquilidad, nos informó de sus gestiones, su discreción ante las autoridades federales y lo único que nos solicitó fue silencio y que no mencionáramos nada de ninguna manera.

Costó un poco convencer a los periodistas de *Claridad* que no expusieran lo acontecido, pero reconociendo el peligro de que todo esto saliera a la luz por el momento histórico que se vivía, se comprometieron y cumplieron. Entrada la noche, vimos la llegada del avión con nuestros hijos, entre lágrimas y abrazos entre los padres, muchos de ellos a los que no he visto más con el firme propósito de no hablar más del asunto.

En esta isla tan esclavizada, algo así no iba a pasar por debajo de la mesa . . . y junto con el avión, vimos llegar a dos guaguas tipo van de autoridades federales. Como la vida es como es . . . muchos de estos funcionarios federales son puertorriqueños. Entre los sentimientos encontrados, el daño que se haría a las tres naciones involucradas, resolvieron registrar hasta los dientes a cada uno de estos jóvenes y luego nos fueron devueltos sin más que hablar. Por supuesto que no continuamos enviando a nuestros hijos a lo que era una gratificante y educadora experiencia.

Hernández Colón, padre. Podrán decir los políticos lo que quieran . . . se ganó el respeto de estos jóvenes y sus familias. Pudo haber sacado partido político de la situación. Eligió cuidar este puñado de jóvenes, de lo mejor de nuestra nación. Dos semanas después, recibieron una invitación a la casa de playa del gobernador en Fajardo, estos adolescentes rescatados. Trajo música, recuerdo a Ruth Fernández en la misma, comida y horas para conversar con ellos de tú a tú. Recibió la opinión de los incipientes revolucionarios que lo invitaron a tratar la idea del socialismo, que contestó con respeto y cariño. Les preguntó qué habían aprendido de los jóvenes cubanos para ver si se podía implementar en los veranos puertorriqueños. Los jóvenes le regalaron un machete artesanal que llevaba el nombre de Rafael y que leía "Todo Boricua Machetero". La condición era que no podía dejarlo ver ni a su esposa, para que no saliera a la luz el evento.

Muchos años después, algunos de esos jóvenes trabajan para el Gobierno federal, son profesores y otros, como uno de los míos, a quien apodaban "el hombre de la pala" por sus destrezas en la construcción de viviendas en Cuba, ejerce lo aprendido cuando necesito agrandar un poco más parte del cuarto o el baño.

Las historias no contadas de vivencias entre nuestras Antillas nos hacen un solo suelo. Son posibles por hombres que no tienen final, como Rafael Hernández Colón, a quienes su alma supera por mucho las etiquetas partidistas. Sus aciertos y desaciertos los hacen seres de progreso para la humanidad. Gracias Rafael, por haber cuidado nuestros hijos, como si fueran tuyos en ese momento neurálgico de nuestra historia. Gracias a los agentes que optaron por la humanidad, más que por la ideología. Cuando vaya alguno de ustedes a hablar de los defectos del gobernador, recuerde esta historia, que nos iguala como pueblo intervenido.

Ambición de servir a Puerto Rico

Ángel Hermida*

Fui ayudante especial del gobernador Rafael Hernández Colón durante los primeros dos años de su primera administración. La oferta del puesto fue una sorpresa. Yo era un joven abogado con no mucha experiencia profesional, y él no me conocía personalmente, pero parece ser que tuve buenas recomendaciones. Acepté la oferta de inmediato, y puedo decir que me llena de enorme orgullo el haber sido parte, por esos dos cortos años, de un grupo de servidores públicos que, empezando por el propio gobernador, tenían como única ambición el servir bien a Puerto Rico, con valor e integridad.

Dos breves anécdotas ilustran lo anterior.

Una de mis muchas responsabilidades en La Fortaleza era ocuparme de todo lo relacionado con los cientos de nombramientos que le correspondía hacer al gobernador. A los pocos días de haber comenzado en el puesto, él me pidió que preparara la documentación para someter al Senado, para su confirmación, los nombramientos de tres jueces que habían sido nombrados en receso por el gobernador

---

* Juez Superior (1976–1997).

150

Luis A. Ferré, y que expirarían si no eran confirmados. Poco después, el entonces presidente de la Comisión de Nombramientos del Senado me dejó saber que había resistencia en la mayoría de esa comisión a que se confirmaran unos jueces cuya selección original había sido hecha por un gobernador de otro partido. Hernández Colón insistió en que fueran confirmados, citando el principio de que en los nombramientos judiciales no debía haber consideraciones partidistas, y que si eran buenos nombramientos, como en efecto lo eran, deberían ser confirmados.

El Senado entendió, los tres fueron confirmados, y los tres se convirtieron en jueces de carrera y sirvieron a la judicatura y a Puerto Rico, con gran distinción, por muchos años.

Otro caso que perdura en mi memoria es la solicitud de clemencia ejecutiva de un recluso que llevaba décadas en la cárcel, y que siendo muy joven había sido convicto de asesinato por una confesión hecha sin haber tenido el beneficio de asesoramiento de un abogado. Aunque posteriormente se había establecido el derecho constitucional a ese asesoramiento, los tribunales se negaron a aplicar esa norma de manera retroactiva al caso que nos ocupa. El recluso llevaba más que suficiente tiempo para cualificar para libertad bajo palabra, pero la Junta de Libertad se la había denegado reiteradamente por un absurdo prejuicio claramente inconstitucional. El recluso entonces solicitó clemencia ejecutiva al gobernador. Siguiendo el trámite establecido, la petición fue referida a la Junta de Libertad para recomendación. Esta dio una recomendación negativa, fundada exclusivamente en el mismo prejuicio antes mencionado. Hasta ese momento, el gobernador había actuado sobre una gran cantidad de casos de clemencia, y en todos había seguido la recomendación de la Junta, por considerar que esta era la agencia con la pericia para evaluar si el solicitante había alcanzado el grado de rehabilitación apropiada para ameritar el beneficio. En este caso, sin embargo, el gobernador entendió que las decisiones gubernamentales no podían descansar en el mero prejuicio, y concedió la conmutación de la pena.

Otros podrán evaluar mejor que yo otras etapas en la carrera del gobernador Hernández Colón, pero puedo asegurar, sobre la base de mi cercana observación de su comportamiento durante los dos años que trabajé con él, que durante ese periodo sirvió con dedicación a nuestra patria.

El soberanista, Rafael y la podadora

Charlie Hernández[*]

Como miles de puertorriqueños, tengo historias que compartir sobre Rafael Hernández Colón. Curiosamente, mi historia favorita no tiene nada que ver con mis años de servicio legislativo, ni con mi relación de años con sus hijos José Alfredo o Juan, ni con las luchas (no siempre del mismo lado) que libramos en el Partido Popular y su Junta de Gobierno.

A mediados de los años 90 me encuentro accidentalmente con el entonces exgobernador Rafael Hernández Colón en la Plaza del Quinto Centenario en San Juan. Tras mi sorpresa al verle, corrí a saludarle. Me identifiqué como el hijo de Miguelito de Mayagüez (también de apellido Hernández Colón) con quien Rafael Hernández Colón compartía una amistad de años. Ante su afectuoso saludo, tomé confianza y empecé a narrarle los esfuerzos que un grupo de jóvenes populares hacíamos para atender el problema de falta de soberanía política del ELA. De repente, observé el cambio de su rostro y una elocuente mueca. Me dijo: "mi consejo es

---

*   Representante (2001–2016).

153

que tengas cuidado, eso se ha intentado antes y el hielo está muy fino, muy fino". Entendí la advertencia (o amenaza) con claridad. Rafael Hernández Colón creía que su derrota en las elecciones de 1976 y 1980 tenía que ver con su propuesta de llevar al ELA a lo que él llamaba "una nueva dimensión de la soberanía". Para él, el tema de mejorar el ELA era "hielo fino" que arriesgaba a cualquier político que quisiera caminar sobre él. No pude quedarme callado y le contesté: "ah, gobernador, lo que ocurre es que yo soy como el personaje de la canción de Ricardo Arjona que dice que es tanta su fe que, aunque no tiene jardín, ya compró una podadora". De repente, la mueca que yo le había provocado antes se transformó en una explosión de carcajadas. La risa nasal de Rafael Hernández Colón era profunda y genuina, memorable.

"¡No tiene jardín, pero ya compró una podadora! Eso está genial. Mira, voy a tener que buscar esa canción", me contestó Rafael Hernández Colón sin parar de reír. Así, estrechó mi mano, me deseó "suerte buscando el jardín" y le envió saludos a mi padre. En pocos años mi vida se transformaría al entrar en el ruedo político y nuestros caminos se encontrarían con frecuencia. Él, siempre el mismo: consistente en sus filosofías y creencias, agradable, reflexivo y profundo en su pensamiento. Yo, todavía con fe y sin descanso buscando el jardín de mis sueños donde usar la podadora. Gracias, Rafael, por tu servicio al país. Descansa en paz.

Es

Raphael Martos

Me he enterado tarde, llegando de gira, de la tristísima noticia.

Rafael ES (y lo escribo en presente) una persona muy querida para mí, y muy admirada, desde hace muchos años.

Estoy consternado.

Lo maltraté y respondió con nobleza

Orlando Parga*

Se retira de este mundo uno de los jóvenes que en la década de 1960 del siglo pasado, lo abandonó todo para entregarse al servicio de la patria. Tan cursi como pueda oírse de tal forma expresado, como vivido en carne propia por los que en aquel tiempo echamos a un lado el apetito materialista de una carrera profesional y el lujo de abundancia económica que podían proporcionarnos, para entregarnos en cuerpo y alma a perseguir un ideal.

Fue una generación de apasionado compromiso ideológico sobre estatus político, criada al influjo libertario que la astrología romantizó como la "Era de Acuario", arribada con ínfula de cambiar el paradigma de los partidos institucionales e imponer su particular visión de futuro. Con banderines, escudos y armas de colores distintos, desde tiendas de campaña separadas —PPD, PER, PIP, MPI, PDP, PNP, Juventud Estadista, Popular, Independentista, Grupo de los 22, FUPI, AUPE, Acción Progresista— con nuestros héroes y mentores Muñoz Marín, Ramos Antonini, García Méndez, Ferré, Concepción de Gracia en prolongada rivalidad de protagonistas en el escenario partidista, todavía aferrados a las estructuras de poder. Hasta que la generación de

---

* Senador (1999–2008).

1960 tocó a la puerta de la "vieja guardia", anunciándoles el arribo del nuevo tiempo.

Rafael Hernández Colón fue, de aquella generación, el primero en arrancar coronado en tres ocasiones como el más joven secretario de Justicia, presidente del Senado y gobernador de Puerto Rico electo y reelecto a tres términos. Mientras, entre escaramuzas y desencuentros, triunfos y derrotas, sus jóvenes coetáneos de mente madura íbamos persiguiendo metas y subiendo peldaños hasta creernos ser los predestinados a alcanzar la meta de la descolonización. Así Hernández Colón escribió su "Tesis" —la vieja y la nueva— y en minoría o desde la mayoría, le puso su mejor empeño. Al final del camino, dejó como legado un manual de instrucciones de futuro que a los suyos ahora corresponderá descifrar.

En esta última y más serena etapa de su existencia fue que a mí me tocó de cerca su nobleza espiritual. Después de tantas y cuantas veces, en la época de juventud le maltraté de palabra en la tribuna partidista, a los años traumáticos cuando en conflicto interno los míos dejaron de oírme, y entonces fuese él —el adversario— quien llamó al Senado para aconsejarme, no a quitarme, sino a quedarme.

Triste que sea tan frecuente en la experiencia humana, que la ruptura de la muerte sirva como pulso despertador de emociones resguardadas; como las palabras en el funeral de su más intenso rival por tres décadas, cuando Carlos Romero Barceló dedicó a sus familiares, "un fuerte abrazo del adversario político que reconoce la calidad humana del amigo y gran puertorriqueño Rafael Hernández Colón".

Sépase pues que, con el cálido recuerdo del amigo que ha partido, la generación que en los 60 echó a un lado la vida frívola y holgura materialista de la juventud, hoy se alza como ejemplo a imitar para el trecho que aún queda por recorrer.

Columna vertebral del Partido Popular Democrático

Roberto Prats

Hoy Puerto Rico ha perdido a uno de sus más importantes hijos. Ha fallecido con él una parte de la historia del Puerto Rico moderno. Puerto Rico es hoy un mejor país gracias a Rafael Hernández Colón. Para Liza y toda mi familia, despedimos un amigo y un sabio consejero. Despido hoy a la persona más prolífica, vertical, intelectual y hombre de compasión a quien he conocido.

Lo recordaré siempre como un hombre que lo movían los ideales y desprendido por las causas nobles y de mejorarle la calidad de vida a los puertorriqueños. Para mi generación, Hernández Colón fue la columna vertebral del Partido Popular Democrático y el que me inspiró a incursionar en el servicio público. Como arquitecto del Estado Libre Asociado de Puerto Rico, defenderlo, protegerlo y mejorarlo fue su manera de vivir.

Buen padre, apasionado con sus hijos y nietos y un patriota. Su legado vivirá siempre y hoy Dios ganó a uno de los mejores.

Rafael Hernández Colón y Juan Mari Brás

El horizonte vivo del diálogo entre el autonomismo y el independentismo

Carlos Rivera Lugo[*]

El fallecimiento en estos días del exgobernador y líder autonomista Rafael Hernández Colón me ha provocado toda una tormenta de recuerdos e ideas, sobre todo en relación a una serie de eventos que fueron marcando, a partir de finales de la década de los 70 del siglo pasado, la potenciación de una nueva posibilidad histórica para el diálogo y acercamiento entre autonomistas e independentistas para la descolonización plena de Puerto Rico y la derrota de la ofensiva anexionista que se fue articulando a partir de ese momento.

Vivimos en un país donde se nos ha pretendido matar nuestra memoria histórica y reducirnos a una existencia sin otro sentido que el retorno cotidiano de lo mismo. Sin embargo, quien desconoce la historia, está condenado no solo a seguir preso de su repetición fatal sino que a ignorar la

---

[*] Profesor de Derecho y Ciencias Políticas. Dirigió la Misión Permanente del Partido Socialista Puertorriqueño en Cuba.

fuerza potencial de cambio que encierran ciertos acontecimientos.

El primer mandato de Rafael Hernández Colón como gobernador de Puerto Rico (1973–1976) culminó con su derrota electoral en noviembre de 1976 a manos del anexionista Carlos Romero Barceló. La combatividad del movimiento obrero de aquel entonces, del que el Partido Socialista Puertorriqueño (PSP) era parte importante, fue uno de los factores que contribuyó a su caída. Su prepotente respuesta a una huelga de los trabajadores de la UTIER y el Cuerpo de Bomberos, movilizando la Guardia Nacional de Puerto Rico en su contra, fue uno de sus grandes errores que finalmente le pasó factura.

Por otro lado, a finales de 1976 recibe otra gran derrota: el entonces presidente estadounidense Gerald Ford descarta su largamente trabajado Nuevo Pacto de Unión Permanente, que contenía una serie de reformas mínimas al "estado libre asociado". El mandatario estadounidense lo sustituye unilateral y arbitrariamente con un proyecto de anexión de Puerto Rico a Estados Unidos.

Parecía ponerse fin a la ilusión de los autonomistas de que podría concretarse el compromiso hecho por Washington en 1953 ante la Asamblea General de la Organización de las Naciones Unidas (ONU) para dar paso a cualquier solicitud del pueblo de Puerto Rico a favor de un grado de mayor autonomía e, incluso, la independencia completa. La acción de Ford se inscribió en lo que el PSP había denunciado como una ofensiva anexionista en el que parecían coincidir tanto el nuevo Gobierno colonial, bajo Romero, y algunos intereses vinculados a la nueva administración en Washington, encabezada por James Carter.

En el verano de 1978, Hernández Colón renuncia a la presidencia del Partido Popular Democrático (PPD) y se desconoce por un tiempo su paradero. Se decía que estuvo en Caracas reunido con el entonces vicepresidente de Estados Unidos, Walter Mondale, tratando el tema de la descolonización de Puerto Rico. A su regreso a Puerto Rico, pronunció el 25 de julio de 1978 un mensaje en un acto conmemorativo del establecimiento del "estado libre asociado". En este afirma que el "ela" tiene que desarrollar sus poderes políticos "hacia una nueva dimensión de la soberanía" o, de lo contrario, será destruido por fuerzas internas y externas que se mueven en su contra.

El encuentro de Aguas Buenas

Al día siguiente, Marco Antonio Rigau, un allegado al exgobernador quien había sido director de la Oficina del Gobierno de Puerto Rico en Estados Unidos bajo su administración, le hace llegar una invitación de Hernández Colón al líder socialista Juan Mari Brás para que considere explorar la posibilidad de trabajar juntos en torno a una nueva resolución para la próxima consideración del caso colonial de Puerto Rico, en septiembre de ese año, ante el Comité de Descolonización de la ONU. De inicio, desea que Mari Brás les facilite una reunión directamente con el Gobierno de Cuba para discutir los pormenores de la resolución, sabiendo que esta dependería mayormente del auspicio protagonista de La Habana. Sin embargo, el compañero Mari Brás le expresa que lo preferible sería que ambos se reúnan y si lo que se acuerde cuenta con el apoyo del movimiento independentista, se podía tener la confianza de que gozaría también con el endoso cubano. Hernández Colón acepta y Mari Brás me designa para que trabaje, junto a Rigau, en un primer borrador de resolución que sirva de base a un primer encuentro suyo con el líder autonomista.

Juan Mari Bras, José Granados Navedo y Rafael Hernández Colón

Había conocido a Rigau con motivo de un viaje que este realizó poco tiempo antes a La Habana como parte de un grupo turístico. Yo me desempeñaba en ese momento como delegado del PSP y jefe de su Misión Permanente en Cuba. Ya para entonces me constaba que el Gobierno cubano favorecía que el movimiento independentista puertorriqueño forjara algún tipo de alianza política descolonizadora con el movimiento autonomista, para así articular una fuerza con mayor capacidad política y poder de convocatoria para enfrentar la ofensiva anexionista. La revolución es el arte de sumar fuerzas, había sentenciado en una ocasión su líder histórico Fidel Castro.

Fue así que luego de un par de reuniones entre Rigau y yo, y el visto bueno dado al borrador inicial tanto por Hernández Colón y Mari Brás, se procedió a coordinar la reunión entre ambos. Esta se realizó el domingo 6 de agosto en Aguas Buenas con la presencia de Hernández Colón, Mari Brás, Rigau y yo. Tanto a Hernández Colón como a Rigau no les pasó desapercibido la sede de Aguas Buenas, vinculada a una importante declaración autonomista, de 1970, a favor de la convocatoria de una asamblea constituyente que trabajara a favor de "una autonomía en libre asociación con los Estados Unidos". Pensaban que la reunión respondía al mismo espíritu de aquel Pronunciamiento de Aguas Buenas.

Fue todo un operativo en el que se tomaron las medidas de rigor para asegurarnos de que no fuésemos seguidos y descubiertos, sobre todo por las agencias represivas, tanto las externas como las internas. Ambas partes estábamos conscientes del paso significativo que se estaba dando para entablar nuevamente comunicación entre el autonomismo y el independentismo. Hasta ese momento, nuestra relación era mayormente adversativa, habiendo sido marcada por la brutal y extensa represión que el primero desató contra el segundo bajo el Gobierno de Luis Muñoz Marín, sobre todo luego de la revolución nacionalista de octubre de 1950. Así las cosas, ambos jugábamos con fuego, particularmente en medio de la desconfianza casi visceral que existía, entre sus respectivos movimientos históricos, hacia cualquier acercamiento. De inmediato me impactó la naturalidad con la que se fue desenvolviendo la conversación entre ambos. Mari Brás le preguntó al exgobernador por qué había preferido reunirse con él para este diálogo, en vez de acudir a algún otro líder independentista. A lo que Hernández Colón respondió que reconocía en Mari Brás un compromiso auténtico con el pueblo de Puerto Rico por encima de cualquier agenda personal o particular. Hacia mi interior pensé que también, claro está, tendría que ver con el hecho de que el PSP era el principal interlocutor con el Gobierno cubano, a quien quería contactar, y poseía una red amplia de relaciones internacionales, siendo miembro-observador del Movimiento de Países No Alineados. Además, nuestra organización había demostrado su influencia decisiva al interior del movimiento obrero, con capacidad para prácticamente desestabilizar el país.

"¿Por qué aceptaste dialogar y reunirte conmigo?", quiso por su parte indagar Hernández Colón. Mari Brás respondió que sentía que tal vez tendría una oportunidad para abrir paso a una transición pacífica hacia la descolonización de Puerto Rico, evitando así el derramamiento de sangre que ha ocurrido bajo otras experiencias de lucha por la liberación nacional. De lo que se trataba era de cerrar definitivamente el paso a la anexión y dejarle de legado a sus nietos la posibilidad de abrir, en el futuro, la puerta a la independencia, sobre todo teniendo como punto de partida o etapa previa ya no la colonia sino que la libre asociación.

El autonomismo y el independentismo se necesitan mutuamente

En esos días se discutían en el país los planteamientos del escritor dominico-puertorriqueño José Luis González, exiliado en México, sobre el tema en una conversación con Arcadio Díaz Quiñones, publicada por Ediciones Huracán (1977). González proponía que para que avanzara la independencia como objetivo preferente de los puertorriqueños, debía agotarse primero la viabilidad y la pertinencia de la autonomía como opción. Advertía, sin embargo, que los autonomistas eran incapaces, por sí solos, de culminar su propio proyecto histórico. El independentismo debía auxiliarles en ese sentido, para así poder proseguir con su propio proyecto histórico.

Por otra parte, no creo que le pasara desapercibido a nadie en la reunión cuán dolorosamente personal le resultaba a Mari Brás la idea de una transición pacífica luego de haber sido víctima del vil asesinato de su hijo mayor Chagui en medio de unos hechos que llevaban todas las señas de ser producto de un operativo represivo federal dirigido contra el ampliamente reconocido dirigente revolucionario puertorriqueño. También estaba presente cómo, apenas unos días antes, el 25 de julio de 1978 en el Cerro Maravilla de Jayuya, el Gobierno colonial de Romero Barceló había sancionado un operativo que culminó en el fusilamiento, por un pelotón de la Policía de Puerto Rico, de dos jóvenes independentistas. El crimen pretendió sembrar el terror entre el independentismo y criminalizar su lucha.

Mari Brás se encargó de esbozar lo que, desde su perspectiva, era no negociable: el reconocimiento al principio inalienable a la autodeterminación e independencia; el principio de la transferencia previa de los poderes propios de la soberanía que pusiese al pueblo puertorriqueño en condiciones de negociar libremente desde una posición de igualdad con Estados Unidos, incluso en el caso de la libre asociación; y el reconocimiento exclusivo de la independencia y la libre asociación como opciones descolonizadoras. La llamada "estadidad" representaría tan solo la culminación del coloniaje en el caso particular de Puerto Rico. Por eso ni el "estado libre asociado" actual ni la "estadidad federada" podían ser opciones legítimas.

La única reserva manifestada por Hernández Colón fue sobre la figura de la transferencia de poderes, la cual él entendía que podría ser un reconocimiento estrictamente formal de la soberanía, sin efectos prácticos inmediatos. De lo contrario, se entendería la transferencia de poderes como una independencia previa, lo que provocaría grandes reservas entre sectores significativos del país que no quieren debilitar sus vínculos ciudadanos actuales con Estados Unidos. Con la opción de la libre asociación, Hernández Colón no expresó reserva alguna. Era conocida su posición en torno a la libre asociación como un desarrollo del propio "estado libre asociado" hacia la plenitud del gobierno propio y no como una república asociada que posee una soberanía independiente de la de Estados Unidos.

Luego de la reunión, Mari Brás se encargó de compartir con el resto del independentismo y algunos autonomistas como, por ejemplo, el exgobernador Roberto Sánchez Vilella, el proyecto de resolución armado a partir de lo conversado con Hernández Colón. Por su parte, el presidente del Partido Independentista Puertorriqueño (PIP), Rubén Berríos Martínez, fue honesto en sus reservas, ya que entendía que ello le podría dar un aire al PPD y al "estado libre asociado", cuando lo que tal vez debería estar haciendo el independentismo es posicionándose como alternativa diferenciada de cambio.

Finalmente, unos y otros, incluyendo el PIP, acudieron al Comité de Descolonización con ánimo de producir una resolución que reflejase un nuevo y más ampliado consenso anticolonial. Aun con las críticas que salían de las propias filas del PPD, Hernández Colón se mantuvo firme en su compromiso con los términos del proyecto de resolución acordada en el diálogo con Mari Brás, el cual se amplió ya en Nueva York, en particular con la incorporación del entonces embajador de Cuba ante la ONU, Ricardo Alarcón de Quesada. El exgobernador denunció a Washington por haber incumplido con sus compromisos de 1953 y pidió el auxilio de la ONU para la descolonización de Puerto Rico.

El 12 de septiembre de 1978 el Comité dio su aprobación final a este nuevo e histórico pronunciamiento en torno al caso colonial de Puerto Rico. Además de reiterar el derecho inalienable del pueblo de Puerto Rico, como nación diferenciada, a su autodeterminación e independencia, requirió que un proceso de descolonización en nuestro caso debía ser precedido por una transferencia previa de poderes para garantizar mínimamente la igualdad soberana entre las partes en cualquier negociación futura con Washington; y limitó las opciones legítimas de descolonización en el caso de Puerto Rico a la independencia y la libre asociación. La "estadidad" o anexión quedó deslegitimada.

Ante el ciclo absurdo de la colonia eterna

Este acontecimiento tendrá hondas repercusiones sobre el futuro. El diálogo entre los autonomistas e independentistas no solo consiguió su objetivo inmediato ante la ONU, sino que sirvió para generar un nuevo clima de distensión, acercamiento y colaboración entre ambos movimientos, el autonomista y el independentista. En cuanto al autonomismo, particularmente dentro del PPD, fue potenciando el crecimiento de las fuerzas creyentes en la soberanía y la libre asociación en su seno. En cuanto al independentismo, este se transformó en un movimiento más plural capaz de explorar las múltiples expresiones societales de la soberanía que se van construyendo desde abajo, más allá de los formas jurídico-políticas clásicas.

Al final de su vida, Hernández Colón parecía haber retornado a sus originales inclinaciones, más conservadoras y colonialistas. Las esperanzas despertadas en los tiempos aquellos del 1978 se fueron disipando poco a poco. El independentismo perdió gran parte de su poder decisivo de convocatoria con la lamentable y desacertada liquidación del PSP y el debilitamiento en general del movimiento obrero ante los cambios estructurales acaecidos en nuestra economía y en la organización social del trabajo. El discurso anexionista a favor de la igualdad de los ciudadanos residentes en el territorio de Puerto Rico, se fue convirtiendo poco a poco en hegemónico ante la desmovilización creciente, tanto en Puerto Rico como en "las entrañas del monstruo", de toda una generación de cuadros militantes que pasaron a ser mera fuerza de trabajo bajo las lógicas del capital. El mundo atravesó profundas transformaciones a partir de las cuales el capital lo fue sometiendo todo nuevamente a sus dictados, especialmente los financieros. Ante esta devaluación de las circunstancias históricas, Hernández Colón pensaría que lo único que le queda a Puerto Rico es conformarse con el eterno retorno de lo mismo. Le parecería que nuestra historia se estrelló contra la falta de voluntad de su pueblo.

168

Sin embargo, Mari Brás siempre enmarcó lo acontecido en 1978 como una nueva posibilidad histórica que se abría paso: un amplio reagrupamiento político de fuerzas que serviría para relanzar nuestra lucha más que centenaria por nuestra liberación nacional y social. Si algo distinguió al compañero fue su conciencia estratégica, es decir, del tiempo histórico. No dejaba que los errores o fracasos le nublaran su vista del horizonte. Y si somos capaces de mirar más allá de nuestras narices, de lo inmediato y de las estrechas perspectivas que priman entre nuestros políticos y los medios de información, nos daremos cuenta, tal vez, que el horizonte aquel de 1978 sigue vivo como posibilidad. Tan solo aguarda porque le reimprimamos su vocación de ruptura con ese ciclo absurdo de la colonia eterna.

Juramentación de la primera Comisión para los Asuntos de la Mujer

Cuchín, el feminista*

Julio Rivera Saniel†

Cuchín. Con ese apodo informal nos referíamos a esa figura recia que había logrado enormes hazañas políticas desde su aparición en el servicio público apenas rondando los treinta años. Primero senador y presidente de la Cámara Alta, más tarde secretario de Justicia y antes de los cuarenta años, gobernador, un cargo que ocupó durante tres términos.

El exgobernador ocupó —como es lógico al tratarse de una figura de su envergadura— titulares diversos y horas extensas de cobertura periodística tras conocerse la noticia de su deceso. Y entonces llegó la larga fila de condolencias y expresiones públicas, también anticipadas. Su legado fue ampliamente discutido, con sus aciertos y faltas. No fue un funcionario perfecto. Después de todo, ¿quién lo ha sido? Sus adversarios (dentro y fuera de su partido) le cuestionaron en vida su defensa férrea de un Estado Libre Asociado sin mayores cambios.

Desde el feminismo, también se le criticó en su momento su negativa de reconocer la aplicación en Puerto Rico

---

* Publicado en el *Periódico Metro Puerto Rico* el 7 de mayo de 2017.
† Periodista.

del caso *Roe v. Wade* y, con ello, el reconocimiento de las mujeres a interrumpir su embarazo. O su oposición a derogar la criminalización de las relaciones consentidas entre personas del mismo sexo en medio de las discusiones de cara a las enmiendas al Código Penal en 1974. Sin embargo, la evaluación de su vida —desde el espacio de tregua que permite la muerte— ha permitido que, incluso, sus rivales políticos hayan dado espacio al reconocimiento de sus fortalezas y aciertos. Y yo lo describí en un aire que no había pasado por mi radar personal: Hernández Colón se acercó, quizá más que cualquiera de sus colegas, al terreno del feminismo. Y me explico.

Fue la amiga y expresidenta del Colegio de Abogados y Abogadas, Ana Irma Rivera Lassén, quien me expuso los datos que colocan al exgobernador como promotor de importantes avances en la agenda de la mujer. Fue bajo su incumbencia que se firmó la Ley 17 que prohíbe el hostigamiento sexual en el empleo. También la Ley 54 de 1989, con el objetivo de penalizar la violencia doméstica. O la Ley 57 de 1973, que creó lo que hoy conocemos como la Comisión de Asuntos de la Mujer. Hernández Colón también hizo posible la llamada reforma de familia de 1976, que enmendó el Código Civil para reconocer la igualdad de derechos entre mujeres y hombres en el matrimonio.

Las generaciones actuales lo pensarán imposible, pero antes de esa iniciativa, solo el hombre podía administrar la sociedad legal de gananciales y, con ello, decidir el lugar de residencia del matrimonio o tomar decisiones unilaterales sobre las vidas de los hijos. De igual manera, la mujer debía seguir y obedecer al esposo de manera incondicional.

Fue también bajo su administración que se firmó la Ley 93 de 1985, que eliminaba la obligación de la esposa a llevar el apellido de su marido. Hernández Colón firmó, además, la Ley 18 de 1987, que declara la conmemoración, a nivel local, del Día de No Más Violencia Contra la Mujer, y la Ley 102 de 1976, que reconoce el 8 de marzo de cada año como el Día Internacional de la Mujer.

Sus aportaciones para los avances de la agenda de la mujer llegaron, además, en la forma de designaciones de mujeres a posiciones clave y de enorme visibilidad pública. Repasábamos por estos días que fue el exmandatario quien nombró a la primera secretaria de Estado, Sila Calderón; la primera directora de la Administración de Corrección y Rehabilitación, Mercedes Otero; la primera secretaria de Educación, Celeste Benítez; la primera jueza del Tribunal Supremo, Myriam Naveira (quien luego se convirtió en su primera jueza presidenta); y la primera contralora, Ileana Colón Carlo.

Vistas en conjunto se trata de un importante bloque de iniciativas que, sin duda, ayudaron a adelantar la necesaria agenda de cambio en el discurso de género. Una importante zapata para las luchas actuales en las que parecerían estar sobre la mesa y bajo amenaza derechos ya obtenidos. Es evidente que las leyes firmadas por Hernández Colón no habrían sido posibles sin el activismo de mujeres y hombres aliados de una agenda de cambio. Sin embargo, esas firmas ubicaron al exmandatario en la página correcta de la historia. Sería mezquino no reconocerlo.

Descansa en paz querido amigo Cuchin

José M. Saldaña*

Sabía quién era Rafael Hernández Colón pues desde 1959 yo visitaba a menudo la ciudad señorial para ver a la que entonces era mi novia y luego mi esposa y madre de mis hijos. De vez en cuando lo veía en actividades sociales, en distintos lugares. Sin embargo, no fue hasta mediados de la década de los años 60 que verdaderamente lo conocí.

Recién llegado yo de haber terminado el internado en la Fuerza Aérea y haberme licenciado, abrí mi consultorio dental en la avenida de Diego en la parada 22 en Santurce. Para esa época Rafael se estrenaba en la política dirigiendo la campaña de don Luis Negrón López cuyas oficinas estaban localizadas en la parada 23, avenida Ponce de León esquina calle del Parque en los altos de lo que hoy es el First Bank, a solo una cuadra de mi consultorio. Visité los cuarteles de campaña en varias ocasiones haciendo amistad con Rafael. Luego de las elecciones en las que don Luis A. Ferré prevaleciera sobre don Luis Negrón López y al Rafael asumir la presidencia del Senado, tanto él como su primera esposa Lila (QEPD) y los cuatro hijos se convirtieron en

---

* Presidente de la Universidad de Puerto Rico (1990–1994).

mis pacientes hasta el presente. Recuerdo con mucho cariño cada vez que Juan Eugenio (*El Tigre*) de cinco o seis años iba con Lila a mi oficina y no había quien lo hiciera estarse quieto.

De ahí en adelante por cincuenta y un años tuvimos una gran amistad en la que compartimos ideales, muchas alegrías y tristezas. Lo ayudé en todo lo que me solicitara y pude para sus campañas. Para las elecciones de 1972 siendo yo profesor de Salud Pública en la Escuela de Medicina Dental me pidió que participara en la redacción del programa de salud del PPD para preparar una propuesta para mejorar los servicios de salud oral en el Departamento de Salud. Cosa que hice y que luego me llevara a aceptar la secretaría auxiliar de Salud Oral bajo el secretario de Salud (otro querido amigo) Dr. José (Papo) Álvarez de Choudens (QEPD). Luego pasé a ser decano de la Escuela de Salud Pública hasta 1977 cuando me reintegré como profesor a la facultad de la Escuela de Medicina Dental. Recuerdo que allá para 1979 me pidió que tomara una licencia de la UPR y dirigiera la campaña de Celeste Benítez para la alcaldía de San Juan, pues siendo yo amigo de ambos él tenía plena confianza en mí para mantener buenas relaciones entre ambos candidatos.

Proseguí mi carrera en la administración de la docencia en la UPR hasta 1994 contando siempre con su apoyo. Luego de mi retiro de la institución, continuamos la buena amistad viéndonos, reuniéndonos y hablando periódicamente. Ya para finales de esa década yo le comentaba mi preocupación por la ruta separatista que llevaba el PPD y de mi evolución hacia una mayor integración con la nación por medio de la estadidad. Discutíamos, pero siempre con gran cariño y respeto por las diferencias ideológicas surgidas.

Al enterarme de su condición durante el pasado año sentí una gran pena. Le comuniqué a la familia mis sentimientos y recomendación para buscar tratamiento experimental en los Estados Unidos. Luego de unas semanas de tratamiento en New York, Rafael regresó a la isla bastante repuesto y hasta en lo que aparentaba ser una remisión. Hace aproximadamente un mes me llamó muy cariñosamente por teléfono y me expresó lo fuerte que había sido el tratamiento, pero lo optimista que se sentía. Estaba quedándose en San Juan para continuar recibiendo tratamiento semanalmente. Me informó que estaba escribiendo el último tomo de sus memorias y quería que le hiciera llegar información sobre la UPR durante mi gestión en la presidencia para los años 1990–94. Le envié la información que me solicitó y me alegró mucho que estuviera optimista y en franca mejoría. ¡Cuán desgarradora mi sorpresa en la mañana del pasado jueves al enterarme de su fallecimiento! No pude contener las lágrimas.

Rafael Hernández Colón además del gran político, líder y hombre de Estado que fue, Cuchin —para los que nos honramos con su amistad— fue un hombre excepcional. Gran ser humano de inteligencia superior, buen hijo, gran padre cariñoso, gran abuelo, hombre muy religioso de mucha fe y un gran amigo. Estará en nuestras mentes siempre, aunque esté fuera de nuestra vista. Nos va a hacer mucha falta a todos. "Cuando un amigo se va queda un tizón encendido que no se puede apagar ni con las aguas de un río." Descansa en paz mi querido amigo Cuchin.

Una cosa es servicio público y otra partidismo

Hiram Sánchez Martínez[*]

Muchas personas creen que en 1985, cuando fui a trabajar como ayudante especial del gobernador Rafael Hernández Colón en el área de Administración de la Justicia y Protección al Ciudadano (Seguridad), yo era un afiliado a toda prueba del Partido Popular Democrático. No concebían que fuese de otro modo porque en esta ínsula barataria las cosas tienden a ser así: los rojos con los rojos, los azules con los azules y los verdes con los verdes. Lo demás causa mucha suspicacia y ansiedad entre quienes se apartan de ese esquema.

La realidad es que en esa época yo no militaba en ningún partido político y mis viajes a las urnas electorales cada cuatro años no era para hacer una sola cruz, sino varias. Este hecho, que en cuanto al reclutamiento del personal de confianza hubiera sido un gran obstáculo para un político de hoy día, no lo fue para Rafael Hernández Colón, a quien vine a conocer personalmente en mi primer día de trabajo, y no antes. Para entonces yo llevaba siete años trabajando

---

[*] Juez del Tribunal de Apelaciones (1992–2005).

en el poder judicial y mi única credencial era mi buena reputación como servidor público.

Tan pronto empecé a trabajar para él descubrí uno de sus atributos idiosincrásicos, de admirable relieve: su clara visión de que una cosa era el servicio público y otra la política partidista. De hecho, mi contratación así lo demostró. Nuestras reuniones de *staff* de todos los lunes por la mañana eran para discutir los asuntos de gobierno, el funcionamiento y proyectos de las agencias que cada uno de nosotros —sus ayudantes— teníamos a nuestro cargo. Su empeño constante era que la administración pública estuviera siempre al servicio de la gente y no al revés. A veces, por ejemplo, en esas reuniones se nos entregaban "los papelitos" que durante sus actividades de fin de semana, de visitas a diferentes lugares, la gente le entregaba. Eran quejas sobre cosas que hacía o que no hacía el Gobierno y que tanto les afectaban. Él nos encargaba que esos asuntos se contestaran, se resolvieran o, en todo caso, que se explicara por qué no podían resolverse a corto plazo. Ninguna queja ciudadana podía quedar desatendida.

En una ocasión, cuando hablaba con él sobre una solicitud de clemencia ejecutiva —asunto que estaba a mi cargo— y que era respaldada por un fundador del PPD, me dijo: "Quiero tu recomendación sin que importe ese hecho". Y la denegó. El gobernador Hernández Colón siempre insistió en que los asuntos de gobierno debían resolverse en atención del bien común y no del interés partidista, lo que de vez en cuando —por qué negarlo— causó algunas fricciones con los que esperaban otra cosa.

Y con todo y que fue criticado por haber creado el Tribunal de Apelaciones en año electoral (1992) a sabiendas de que se retiraba como candidato, no debemos olvidar que nombró a cuatro jueces de ideologías distintas a la suya.

Algo impensable de otros gobernadores que han hecho del Gobierno y la política una y la misma cosa.

En ningún momento el gobernador Hernández Colón nos exigió a sus ayudantes que participáramos en mítines, caravanas o concentraciones del PPD. En mi caso, nunca lo hice. Si hacíamos nuestro trabajo y prestábamos un servicio público de excelencia teníamos garantizada su confianza y agradecimiento. Esa sensación de que éramos valorados por la calidad de nuestro desempeño y no por nuestro pensar ideológico y nuestros comportamientos partidistas, es algo que atesora mi recuerdo de mis tres años en La Fortaleza.

En fin, el gobernador Hernández Colón siempre tuvo claro que el servicio público, para ser de calidad, no puede ir de brazos de la política pequeña, la que discrimina contra los que no son del mismo partido que gobierna. Es una pena que no hayamos aprendido esta lección para mayor bienestar y felicidad de nuestro pueblo. La buena noticia es que aún estamos a tiempo.

Defensor de nuestra identidad

Elsa Tió

En la mejor tradición de los gobernantes ilustrados, Rafael Hernández Colón asumió un papel singular en la defensa de nuestros valores culturales.

Hernández Colón tenía un talante tolerante, tal vez porque nació en un hogar donde habitaba en armonía la diversidad ideológica. Su madre era independentista y su padre estadista. Eso le dio una visión abierta, una compresión más amplia e inclusiva de nuestra realidad. El fanatismo no era parte de su temperamento.

Pero el gobernador Hernández Colón, a pesar de tener una personalidad caballerosa, amable, también tenía un carácter fuerte, enérgico y una gran voluntad por defender nuestra sustancia nacional.

Ideológicamente defendió lo que llamaba el ELA mejorado, convicción que partía de una visión histórica. Fue un gobernador culto y leído. Había estudiado y admiraba el autonomismo de Baldorioty, de Muñoz Rivera y Muñoz Marín. Y por ello su visión se fundamentaba en una premisa básica: Puerto Rico es un país, que había que mejorar y defender, no destruir. Repetía el postulado de Luis Muñoz Rivera: "la fuerza del país esta en el país". Partiendo de esa premisa, era natural gobernar desde el amor a su país, no desde su destrucción, o su desmantelamiento o para que dejáramos de ser lo que somos.

Su credo era alcanzar la mayor autonomía posible de gobierno propio compatible con la asociación con Estados Unidos. Y esa voluntad la sentía y reconocía el pueblo. Por eso lo llamaban el gallito, por su fogosidad como por su elegancia en su defensa férrea a favor del ELA mejorado.

Uno de sus mayores adversarios fue el miedo, como evidencia cuando le esfumaron en pocas semanas más de 100 mil votos de ventaja en las elecciones de 1988. Aunque ganó por cerca de 50 mil votos, tenía una ventaja de 150 mil votos que desaparecieron ante la campaña falsa de que Hernández Colón iba a traer la república asociada y que estaba en conversaciones con Fidel Castro.

Llevó como gobernador luchas sin pausa, tan diferente a su partido hoy en que los populares perciben un liderato pusilánime, dividido y sin rumbo.

Cultura y país

Hernández Colón tuvo como gobernador un proyecto económico y un proyecto cultural. Entendía que un país no es solo cultura, ni es solo economía, sino ambas.

Por eso impulsó la economía en Fomento Económico bajo la dirección de Antonio Colorado, y la creación de cientos de miles de empleos bajo la sección 936, entre otros. Por eso creó con buen sentido económico las Navieras de Puerto Rico. Pensaba con razón, ¿qué se haría una isla sin barcos para la importación de bienes y productos?

Me honró cuando me nombró, en su segundo cuatrienio, a la Junta del Instituto de Cultura Puertorriqueña (ICP). Fue un momento interesante. Sin titubeos cumplió con su promesa electoral de devolverle al ICP su vitalidad y propósito de conservar, promover, enriquecer y divulgar la cultura puertorriqueña, según reza en los propósitos de la Ley 89 que creó el ICP en 1955.

Tiene sentido echar una ojeada a su notable aportación cultural, que partía de un hondo y genuino sentido de afirmación puertorriqueña y un entendimiento de la necesidad de la cultura para los pueblos porque sabía que esta les da fuerza, vitalidad y sentido de vida.

Por ello, tan pronto llegó a la gobernación en su segundo cuatrienio, rescató al Instituto de Cultura Puertorriqueña y derogó la ley de la AFAC, de tan mala recordación. La AFAC tenía entre sus propósitos desmantelar al ICP. Dicha ley causó tanto revuelo, indignación y malestar, que la respuesta ciudadana no se hizo esperar. Como reacción a ella se creó el Comité Pro Defensa de la Cultura formado por trabajadores de la cultura. Poetas, artistas, músicos, escritores y partidarios de la cultura en todos los frentes, contestaron la agresión cultural de muchas maneras. Pero la que más impacto electoral tuvo fue la creación de la musa combativa del poeta Edwin Reyes que echó mano de su pluma para atacar al Gobierno del PNP que había firmado los proyectos de "la cultura sin apellido", o sea la AFAC. Las décimas de protesta del poeta Reyes se escribieron y se cantaron por la radio y tuvieron una repercusión e impacto electoral tremendo. Cantadas por el entonces desconocido trovador Andrés Jiménez, su estribillo pegajoso decía: "El gobierno araña, el gobierno araña que todo lo daña / vamos con el pueblo a meterle caña, por nuestra cultura a meterle caña."

Rafael Hernández Colón oyó el clamor y le metió caña a la AFAC, devolviéndole poderes al ICP y cambiando la ley para darle mayor autonomía, que otros luego no respetaron. Revitalizó la institución, para ello, además de aumentarle los fondos, también le otorgó un millón de dólares adicionales a lo que se llamó el Plan Alegría, que fue una propuesta de don Ricardo. La misma atendía los reclamos de grupos culturales para que estos sometieran propuestas que les permitieran divulgar y promover la cultura en los pueblos y comunidades. Don Ricardo no era entonces director del ICP, pero sus atinadas recomendaciones tenían los oídos de Rafael Hernández Colón.

En otra ocasión, y como efecto de la negativa de las estaciones comerciales de televisión para producir nuestras telenovelas, una gran cantidad de actores se quedaron sin trabajo. Entonces, Hernández Colón destinó fondos adicionales al ICP para adaptar para televisión una novela de Enrique Laguerre. La misma se retransmitió por la WIPR, dándole trabajo de calidad cultural a nuestros reconocidos artistas. Contrario al momento actual, respaldó y reconoció la importancia de tener una estación de televisión educativa.

Apoyó la cultura en todas sus manifestaciones: teatro, cine, música, WIPR, artesanía, deportes, el olimpismo, entre otros. Toda la gestión realizada en su Gobierno merece un estudio por las implicaciones sociales y económicas que tuvo. En este momento, mencionaré algunos de sus proyectos fundamentales.

Fue significativa la transformación que logró en el Viejo San Juan, con su proyecto urbano del Quinto Centenario. No solo se realizaron restauraciones importantes, sino que muchos de los edificios icónicos que estaban casi en ruinas se convirtieron en sede de instituciones culturales. Algunas de las obras más ambiciosas fueron: la restauración del Arsenal de la Marina en la Puntilla, que se transfirió al ICP para convertirlo en salas de exposición; el Paseo de la Princesa, recuperado como espacio de solaz y vida ciudadana; la cárcel de la Princesa, donde ubicó las oficinas de la Compañía de Turismo; el Cuartel de Infantería Ballajá, destinado a albergar el Museo de las Américas y varias academias e instituciones culturales; el Asilo de Beneficencia, que se convirtió en la sede del ICP. Y para culminar, el espacio emblemático del antiguo barrio de Ballajá, donde se abrió el solar entre el Convento y el Cuartel de Infantería para el diseño de la Plaza del Quinto Centenario y el monumento emblemático del lugar, y uno de los monumentos públicos más relevantes de las artes nacionales, el Tótem Telúrico de Jaime Suárez.

También destinó fondos para restaurar el viejo edificio de la YMCA y convertirlo en la sede del Comité Olímpico, y otorgó fondos para impulsar el olimpismo en el país y hacer posible el sueño de don Germán Rieckehoff de construir un Albergue Olímpico para nuestros atletas de alto rendimiento. En fin, transformó la ciudad de San Juan, haciéndola una más interesante, más hermosa, con más espacios para el disfrute de la ciudadanía. Despertó la piedra y el ladrillo dormidos y proyectó en grande el Viejo San Juan que rejuveneció, imprimiéndole vitalidad y belleza.

Dichas mejoras al entorno urbano como la Plaza del Quinto Centenario, el barrio de Ballajá y de La Princesa, fueron un éxito para la vida social, cultural y económica, y por ende para el turismo. La ciudad se rescataba para los ciudadanos, que es la forma natural y sustentable para darle nueva vida y permanencia.

Pero donde puso a gozar al pueblo fue con la Gran Regata. Los días que duró apareció una nueva alegría, vitalidad y solidaridad, mientras desaparecía a un mismo tiempo el crimen de las calles. Se experimentó una alegría colectiva. En cada calle del Viejo San Juan había una actividad cultural: música, artesanos, teatro, exposiciones. San Juan se vistió de fiesta; todas las ideologías, todas las clases sociales se unieron y se sintieron partícipes del evento. El país disfrutó de la cultura y se respiraba un orgulloso Puerto Rico. La entrada de los veleros a San Juan fue emocionante, el pueblo llegaba de todos los puntos de la isla para presenciar el espectáculo de los barcos de vela de tantos países alrededor del mundo, entrar por la Bahía de San Juan. Muchos boricuas se llevaban tripulantes a sus casas para invitarles a cenar y mostrarles la isla. Nos sentimos parte de un Puerto Rico nacional y un Puerto Rico universal, de un mundo amplio en el que podíamos dejar una huella digna como país anfitrión. En la que pudimos ser nosotros mismos desde la hospitalidad y la generosidad que nos caracteriza. Se repitió el espectáculo con el desfile de los 27 buques escuela y 300 veleros cuando zarparon y recorrieron el litoral norte de la isla para luego tomar nuevo rumbo.

En su visión de la cultura, las actividades tenían el propósito de impulsar la industria cultural y de que participáramos como país en actividades internacionales imprimiendo en el pueblo un sentido de orgullo propio al vernos reflejados en lo mejor de nosotros mismos. Los puertorriqueños fuimos nosotros mismos, la cultura nos enriqueció de tantas maneras.

Estos son algunos de los proyectos culturales que fortalecieron nuestro patrimonio, que rescataron monumentos arquitectónicos que fueron destinados para un fin público y cultural. Y que además permitieron que la ciudadanía sintiera a la ciudad como suya.

Pero no puedo dejar de mencionar Ponce en Marcha. Lo que hizo por la ciudad de Ponce fue salvarla. Revitalizó su centro histórico entonces dilapidado. Una verdadera transformación se vio en las calles, las aceras, el mobiliario urbano, el soterrado del tendido eléctrico, para devolverle su elegancia y prestigio a la Ciudad Señorial. Convirtió la cárcel en la Escuela de Bellas Artes y estableció una escuela de bellos oficios para la capacitación de jóvenes en las técnicas requeridas para la restauración de los edificios históricos. Fue un gobernante con una gran sensibilidad hacia el patrimonio histórico y con sentido de urbanismo.

Lengua e identidad.

Pero esa defensa y aprecio por la cultura era inseparable de su genuina y sentida defensa de nuestra lengua materna, el español, que entendía era nuestra máxima señal de identidad. Con ello era partícipe de una herencia política de Luis Muñoz Rivera, cuando este denunciaba luego de la invasión el proyecto de suplantación de una lengua por otra, llamándole "inaceptable la subordinación insufrible del idioma".

Sabía Hernández Colón que no es posible descolonizar a un país suplantando y ningunenando su lengua materna. Que despreciar la lengua propia era un acto de desamor. Para ello era importante aprender a leer, a escribir, y a hablar bien la lengua materna. Y que ese era el camino para aprender bien una segunda lengua.

Desde un torpe colonialismo espiritual, algunos lo acusaron falsamente de que quería eliminar el inglés en las escuelas. Nada más lejos de la verdad. Estaba consciente de la importancia de adquirir una segunda lengua; y que el pueblo, por las relaciones políticas y económicas, quería aprender inglés. Todos esos ataques demagógicos en el fondo delataban un repudio al español, lo que Rafael interpretaba como un claro ejemplo de complejo de inferioridad.

Por la defensa heroica en la que Puerto Rico, por más de un siglo, resistió los intentos de suplantar su lengua materna, el país recibió el Premio Príncipe de Asturias, que Hernández Colón fue a recibir a España a nombre de Puerto Rico en 1991.

Aunque mi padre, Salvador Tió, presidente de la Academia Puertorriqueña de la Lengua, había muerto hacía dos años, sorpresivamente recibí una llamada de Rafael, que todavía agradezco. El propósito era que el libro de mi padre, titulado *Lengua Mayor, ensayos sobre el español de aquí y de allá,* que recién había salido publicado, auspiciado por el Quinto Centenario, se presentara también en Madrid. El propósito era que coincidiera el reconocimiento a Puerto Rico del Premio Príncipe de Asturias con la presentación de su libro. Y así se hizo.

En dicha presentación participó junto a académicos de la Real Academia de la Lengua Española, escritores y ciudadanos. Me habló entonces sobre lo vital que fue la defensa de mi padre y como él era partícipe de esa indispensable tarea de prestigiar y defender el español en Puerto Rico.

Por ello compartía y creía Rafael en la importancia de fortalecer la enseñanza del español en las escuelas, por entender que ayudaba en el desarrollo de la inteligencia y la autoestima de los jóvenes. Lo recuerdo repitiendo la máxima: lenguaje defectuoso, pensamiento defectuoso.

Entendía que la degradación de nuestra lengua, de lo puertorriqueño y de nuestra historia acarreaba el deterioro de los valores, y, como consecuencia, desataba una violencia estéril. Que una lengua es también el amor que uno siente por una patria, en ella están los afectos y la forma de ser y de pensar de un pueblo. Que no se puede descolonizar a un país quitándole su lengua, que es el oro de nuestra cultura. La misma de la que hablaba Neruda, cuando escribió, "se llevaron el oro, pero nos dejaron el suyo, la lengua". Una lengua mayor en la que nos comunicamos con mas de 500 millones de hispanoparlantes a través del mundo. Y que sería torpe y desnaturalizante separarnos y aislarnos de esa gran fuerza cultural y económica.

Si hubo un gobernador que defendió la lengua en el magisterio, en la cultura, en el país, fue él. Porque sabía que los pueblos orgullosos de su cultura se fecundizan y crecen en ella. Y su política cultural favoreció que Puerto Rico floreciera de muchas formas, en lo económico y en lo cultural. Como expresara antes, su proyecto no fue solo económico, ni era solo cultural, fueron ambos. Y como gobernador, Hernández Colón los defendió y acrecentó; tenía un sentido de la dignidad de nuestra historia. Y ese proyecto de afirmación puertorriqueña que él heredó de otras generaciones y ayudó a impulsar y desarrollar, ahora más que nunca, hay que retomarlo. Es parte de un legado que no muere y es una digna misión para que la sigan futuras generaciones. Como expresé en un poema, "Una lengua que no se cuida, es como un hijo que no se besa".

Rafael Hernández Colón y mi abuelo

Benigno Trigo[*]

Como se sabe, hace dos días falleció a los ochenta y dos años el exgobernador Rafael Hernández Colón. "El gobernador más joven que ha tenido Puerto Rico." Como muchos otros puertorriqueños, lo conocí por primera vez en la campaña televisada de 1972, cuando yo tenía diez años. En mi casa, lo llamaban Hernández Colón, Rafael, o sencillamente Cuchín, a veces con cierto resentimiento porque no solo derrotó a mi abuelo en su segunda campaña por la gobernación, sino porque la campaña de "fuego popular" fue devastadora, y barrieron el piso con él.

La única vez que lo conocí en persona fue muchos años después, durante un simposio en Ponce en el 2018 dedicado a Rosario Ferré. La doctora Frances Ortiz Ortiz me invitó a un conversatorio sobre mi madre que tuvo lugar en la Fundación Biblioteca Rafael Hernández Colón. Recuerdo que había como 50 personas en la actividad, y que contándome a mí y al pintor Antonio Martorell éramos solo tres los hombres en todo el auditorio. El tercero era el exgobernador, en primera fila.

---

[*] Profesor en la Universidad de Vanderbilt.

Luis A. Ferré y Rafael Hernández Colón

Antes de subir al escenario, la doctora Ortiz se acercó a mí y me pidió que por favor leyera un ensayo que la escritora Elena Poniatowska había mandado para la ocasión. No lo pensé mucho y accedí a leerlo. Elena escribió un recuerdo de mi madre que databa de 1976, cuando vivimos en México, y al final incluyó una entrevista donde mi madre describía de manera muy crítica la situación histórica, social, política y económica de Puerto Rico, pero también criticaba el primer cuatrienio del exgobernador. Cuando me di cuenta de lo que tenía enfrente empecé a leer en estéreo. Mi madre no tenía pelos en la lengua, y temiendo lo que pudiera decir sobre el exgobernador, que estaba allí sentado frente a mí, empecé a leer con un ojo puesto en un párrafo y el otro en el próximo. Cuando atisbé su nombre, me detuve preocupado, y le pedí a la audiencia unos segundos para leer en voz baja lo que estaba escrito.

Fue un momento típico del sentido del humor de mi madre que nos tomaba el pelo desde el otro mundo. Rafael Hernández Colón cogió el chiste y se rió con la audiencia. Leí con alivio una frase inofensiva: "Los populares como Hernández Colón que estuvieron en el poder quieren mantener relaciones de amistad con Estados Unidos pero no quieren la anexión, como sí la quería mi padre".

Recuerdo que al final el exgobernador se levantó, se sonrió y me dio la mano. Era un hombre físicamente grande, pero su gesto me dio la talla de su verdadero tamaño. Su apretón de manos fue cálido, su sonrisa sincera. Era capaz de escuchar con benevolencia y comprensión las palabras de alguien que lo admiraba, pero que también se atrevía a decir lo que pensaba de verdad. Sentí que el exgobernador demostraba la misma bondad y generosidad que caracterizó a su primer contrincante político. Me recordó a mi abuelo.

La agenda inconclusa de Rafael Hernández Colón

Armando Valdés Prieto[*]

La partida de mi amigo, el exgobernador Rafael Hernández Colón, me llena de tristeza. En los últimos años de su vida, desarrollé una relación con Rafael, que si bien no habrá sido de especial importancia para él, fue trascendental en mi desarrollo político. Mi estrecha amistad con sus hijos, José Alfredo, Juan Eugenio y Rafael, su nietos, Pablo José y Ana Patricia, y su nuera, Patricia, solo abonan al profundo dolor que me embarga.

Rafael fue de las figuras insignes de nuestra historia política, no solo de la reciente, sino de toda nuestra larga trayectoria de pueblo. Un hombre de Estado como pocos que ha producido esta tierra, incluso, toda Latinoamérica. Sus tres cuatrienios en la gobernación de Puerto Rico marcaron importantes hitos en nuestros desarrollo colectivo. Es de notar, además, que su récord como servidor público es impoluto.

Como toda figura pública, también tenía sus detractores, y sería un error, a menudo cometido en nuestro país, que la muerte borre, en un esfuerzo por edulcorar el pasado, un

---

[*] Director de Oficina de Gerencia y Presupuesto (2008).

retrato completo y complejo de quien era en vida Hernández Colón. Quienes lo criticaban, a veces con insospechada severidad, se enfocaban principalmente en su supuesto conservadurismo, y en más de una ocasión fue acusado de ser defensor del coloniaje.

Por el contrario, Rafael nos deja a los autonomistas una importante agenda inconclusa. Quienes suscribimos su visión del desarrollo del Estado Libre Asociado, tenemos la obligación ahora de tomar la antorcha, defender su legado —que no es otra cosa que la herencia intelectual de Muñoz Marín— y culminar la lucha por un estatus político que responda a las necesidades y las realidades de Puerto Rico.

Lejos de rehuir al cambio, Rafael promovió procesos, como el que convocó a los tres líderes principales de la política puertorriqueña de finales de los 80 y principios de los 90, Rubén Berríos, Carlos Romero Barceló y Hernández Colón, propiamente, para negociar con el senador Bennett Johnston definiciones para cada una de las alternativas de estatus. Ese proceso culminó, tristemente, sin que se aprobara una ley para viabilizar un plebiscito con sanción federal. Pero, dejó ver que el autonomismo mantenía su espíritu de progreso y de evolución, su vocación de inclusión hacia otros sectores ideológicos, y nos mostró un posible camino para el desarrollo del ELA.

Esos tres puntos deben ser la agenda de los autonomistas de cara al futuro, y nos debemos comprometer a ella para que no muera el pensamiento y la gesta de Muñoz Marín y Hernández Colón. Nos toca demostrarles a las generaciones contemporáneas que el autonomismo no es solo pasado. Por supuesto que logramos mucho, que modernizamos el país, que le dimos agencia al pueblo en su gobierno. Pero debemos, además, convocar hacia el futuro, el cambio y el movimiento; demostrar que no somos inmovilistas ni los *happy colonials* de los ya trillados ataques de la oposición. Reconocer que nuestro acuerdo con Estados Unidos. ha sufrido grandes retrasos y que, precisamente por ellos, nos toca reconstruir y dar un paso más allá.

Nos toca ser inclusivos y democráticos en nuestra gestión. La agenda del anexionismo es la de la imposición y la exclusión. El estadolibrismo se funda por el profundo respeto que les tenemos a las voluntades del pueblo, aun cuando esas puedan estar encontradas unas con las otras. El ELA no es otra cosa que una reconciliación de las aspiraciones contradictorias del puertorriqueño: querer mantener nuestra identidad nacional, querer gobernarnos en nuestro terruño y querer participar de la vida política de Estados Unidos.

Y nos toca articular el futuro del ELA, uno fundamentado en nuestra voluntad como pueblo y un acuerdo de respeto mutuo con Estados Unidos, que nos reconozca dentro de nuestra relación con dicho país, nuestro derecho a tomar decisiones que respondan a nuestras peculiaridades como pueblo caribeño.

Es hora ya de, orgullosamente, retomar esa agenda inconclusa. Nos toca responder al llamado que, desde el más allá, nos hace Rafael.

Que descanse en paz.

Para don Rafael

Madelyn Vega[*]

Cuando un líder político fallece, el pueblo pasa revista sobre el desempeño de esa figura mientras estuvo en el poder o en el foro público. Opositores y seguidores harán sus propios elogios o críticas. Lo cierto es que al final todos entendemos la sabiduría bíblica inmortalizada en Génesis 3:19, y que rememoramos cada miércoles de cenizas, "porque tú saliste del polvo; polvo eres y en polvo te convertirás".

Hoy nos toca mirar con ojos sabios la partida física de don Rafael Hernández Colón y creo oportuno que así como muchos se expresarán sobre su vida, una periodista también reflexione sobre esta figura pública que tuvo el destino de nuestro pueblo en sus manos por doce años.

Nosotros los periodistas compartimos con las figuras públicas casi a diario, llegamos a conocer sus preferencias, sus muletillas al hablar, sus gestos. En particular en el mundo televisivo, captamos su imágenes y en ocasiones su espíritu.

Ese fue el caso con el exgobernador Rafael Hernández Colón, joven gobernante quien estuvo en La Fortaleza desde 1973 hasta 1976. Cuando eso era yo una niña y jamás se me cruzó por la mente que llegaría a conocerle.

---

[*] Periodista.

Pero una vez comencé a laborar en el ministerio perio-dístico, lo veía casi a diario y lo entrevistaba frecuentemente tanto cuando ascendió a la gobernación nuevamente desde 1985 a 1992, como cuando estuvo en minoría. Me tocaba cubrir sus aciertos y desaciertos, durante decenas de conferencias de prensa y en múltiples actividades.

Cuando finalmente se retiró del Gobierno coincidí con él en la Catedral de San Juan, me saludó con afecto y me corrigió cuando le llamé gobernador. "Llámame don Rafael", me dijo. "Ahora soy un simple ciudadano privado" y añadió en inglés, "estoy *aging gracefully*", en modo jocoso.

Don Rafael nunca fue un ciudadano privado. Se mantuvo al tanto de los vaivenes de nuestro país y de los eventos locales ofreciendo en ocasiones consejos y en otras advertencias sobre el devenir d nuestro amado Puerto Rico.

Fue así como supe de él posteriormente cuando me envió una nota de felicitación por un libro que publiqué sobre mi rol como madre. En realidad, le envió una carta a Xavier, mi hijo, en la que, entre otras cosas, le dijo: "Te digo francamente que entre todos los logros profesionales que obtuve, jamás comparan con el enorme privilegio que he tenido de ser padre para mis cuatro hijos. Me consta que tu madre tiene los mismos sentimientos hacia ti".

En esa carta le dijo además a Xavier, "a ti y a todos los jóvenes les doy una encomienda: cuidar de nuestra cultura. Nuestra cultura es el sedimento de la historia sobre el alma puertorriqueña. Determina las maneras de ser, de pensar, de cantar, de crear, de amar y de soñar. Con este libro tu madre desea exponerte a nuestra cultura".

Con el tiempo recibí algunas notas suyas, escritas a puño y letra, en las que mencionaba algunas de sus inquietudes. En una de las últimas, luego del desastre que causó el huracán María, me dijo que estaba preocupado por "el país que estaba en desconcierto y desesperanza".

Así como cubrimos la gobernación de don Rafael, los periodistas tenemos el deber inequívoco de cubrir las ejecutorias de todos los gobernantes, legisladores y servidores públicos de alto rango con imparcialidad, ojo crítico y en defensa del pueblo; pero hoy en ocasión de su partida, como madre, le agradezco sus palabras a mi hijo y le ofrezco respetuosamente mis condolencias a su amada esposa, doña Nelsa.

¡Que descanse en paz!

En memoria justa de Rafael Hernández Colón

Eduardo Villanueva*

Un querido amigo, con curiosidad intelectual y política sobre lo que ocurre en nuestro país y las aportaciones de nuestros políticos, me envió una pregunta que paso a contestar a manera de *in memoriam*, Rafael Hernández Colón. Querido compañero: contestando su pregunta sobre qué hizo Hernández Colón que fuera positivo para el pueblo de Puerto Rico, te ofrezco estos datos. Es la opinión de un experto en derecho laboral, el licenciado Ruy Delgado Sayas, que vale recordar y conocer en este momento. Se publicaron en una revista electrónica del país.

A continuación, alguna de las leyes laborales aprobadas en las administraciones de Hernández Colón:

- Redujo la jornada laboral.
- Protección a trabajadores ante despidos injustificados.
- La ley que prohíbe el hostigamiento sexual en el empleo.
- La ley que prohíbe el discrimen por sexo.

---

* Presidente del Colegio de Abogados de Puerto Rico (1998–2000).

- Establecimiento de la Administración de Seguridad y Salud Ocupacional (OSHA).
- La Ley de la Oficina de Ética Gubernamental (OEG).

Por otro lado, también creo que su lucha por aclarar la relación entre Estados Unidos y Puerto Rico fue importante, especialmente lo que se alcanzó con el proyecto Bennett Johnston. Fue lo más cerca que estuvimos de alcanzar un plebiscito vinculante. Ahí se logró conceptualizar un proceso de transición económica hacia la independencia. También su lucha por preservar el idioma español, su apoyo a la causa de Vieques, aunque discrepé del respaldo que le dio al acuerdo de la Marina con el Gobierno de Rosselló y así se lo hice saber personalmente.

Siempre me apoyó y cumplió con lo que le pedí en la causa de los presos políticos. Era un ser de luces y sombras, como somos todos. Creo que lo de las escoltas fue un error innecesario que afectó su imagen pública, porque el pueblo en general lo quería y el que no, lo respetaba. Yo vi esas expresiones de pueblo en muchos lugares públicos en los cuales coincidimos.

En general, creo que su compromiso y su obra a favor del pueblo fue creativa. Mi mayor discrepancia con él, era respecto a la interpretación suya en cuanto a lo que ocurrió con el ELA en el proceso de 1952 y lo que se podía alcanzar dentro del federalismo en Estados Unidos. Creo que las tres ramas del Gobierno federal le han dado la razón a mí y a todos los que nos opusimos a lo que entendíamos y entendemos que es un régimen colonial y antidemocrático.

Sus aportaciones como litigante y como profesor de Derecho Civil, ayudaron a muchas generaciones de juristas a tratar de servir como agentes de cambio en el esquema de derecho para construir uno que trate de ser más sensible, rápido y económico, como afirma el preámbulo de la Ley de la Judicatura. Antes de ir adoptando algunas posiciones neoliberales en la época de Fortuño, él tuvo momentos de audacia política para impulsar cambios al ELA, como lo fue el histórico acuerdo con Juan Mari Brás en 1978 en la ONU. Me parece que ahí ratificó que en la defensa de los principios del derecho a la autodeterminación de nuestro pueblo, no hay que temer chantajes de políticos conservadores y manipuladores, la verdad ínsita en la justicia siempre triunfa. Esforcémonos para descolonizar nuestro pueblo, ese será nuestro mayor homenaje a su obra.

Rafael Hernández Colón, su esposa Lila y sus cuatro hijos,
Rafael, Dora, José Alfredo y Juan Eugenio

Despedida de la familia

Declaraciones en el Capitolio

José A. Hernández Mayoral

Cuando supimos los hijos hace varias semanas que el cáncer que padecía nuestro padre ya no era curable, nos reunimos inmediatamente para discutir el funeral. Él podía durar semanas o inclusive meses. No era necesario planificarlo tan pronto. Pero cada uno sintió que había que proceder como lo haría Hernández Colón bajo las circunstancias. Se reconoce la realidad y se actúa conforme a ella sin perder un minuto.

Así era él. De todas las características que muchos le reconocieron ayer: su rigor y su honestidad intelectual, su disciplina, su capacidad para ejecutar y su firmeza, se les quedó una que ampliaba esas otras: nunca desperdiciaba un minuto. Y cuando digo que no desperdiciaba un minuto no estoy diciendo que actuaba sobre los asuntos de manera inmediata. Anticipaba las cosas y pensaba y trabajaba sobre ellas antes de que ocurrieran.

Los que laboraron con él saben lo que digo. Siempre estaba muchos pasos al frente de los demás. Por más que te prepararas para una reunión con él, no solo llegaba más preparado que tú, sino que había previsto cosas que a ninguno se nos había ocurrido y ya había pensado soluciones.

Cuando nos sentamos Rafa, Juan, Dora y yo a pensar cómo hacer este funeral, lo que queríamos era que fuese como él lo hubiese deseado: debatimos si seguir el protocolo de traerlo al Capitolio o exponerlo en la Fundación Rafael Hernández Colón. Si la misa debía ser en San Juan o en Ponce. ¿Y qué hacemos en cuanto al partido? Pero este es Hernández Colón, siempre varios pasos al frente de todos nosotros. De pronto aparecieron unas instrucciones escritas que para no dejar dudas están en su puño y letra y firmadas. Dentro de toda esta situación, él iba a ser Hernández Colón hasta lo último. Se le llevaría al Capitolio y a la fundación. Habría misa en San Juan y en Ponce. Y en cuanto al partido, pidió detenerlo allí pero sin discursos.

Es difícil precisar qué causa la tristeza amplia de todo un pueblo. Son muchas cosas. Algunos tienen razones personales. Al que ayudó a conseguir empleo gestionando la creación de la sección 936 y luego defendiéndola tiene esa razón. Al que auxilió luego de la tragedia de Mameyes tiene otra. Pero, ¿cuál es la de todos en común? Pienso que es el sentimiento de que ya no se escucharán sus consejos. Dentro de su partido es el sentir de que ya no lo tienen para consultarlo. Es, en síntesis, la sensación de que ya no puede dejarnos más instrucciones.

Pero, no es cierto. No se puede decir que Hernández Colón se va sin dejarnos instrucciones. En su vida, en su ejemplo, podemos encontrar sus instrucciones. Ahora requiere nuestro esfuerzo de emularlo y aunque no lo igualemos, si nos empeñamos en aproximarnos a él, estaremos bien.

Aunque en ocasiones lo vi adolorido por la enfermedad, nunca lo vi sufrir por la anticipación de la muerte. Su rostro, que no se deterioró por el cáncer, jamás mostró temor ni angustia. Como cristiano, vería este proceso como la voluntad de Dios y la muerte como la llegada a la meta y el comienzo de una celebración.

Instrucciones Relativas a mi Muerte

A mis hijos Rafael, José Alfredo, Tiara Mercedes, y Juan Eugenio, a mi esposa Yelsa López Colón

Deseo morir en mi casa, bien en Ponce o sea San Juan y que Jackie Oliva se haga cargo de los servicios fúnebres. El día de mi muerte no se deben celebrar actos o exponerme en la funeraria. Al día siguiente se me expondría en el Capitolio y luego una misa en la Catedral de San Juan. De allí partir hacia Ponce con una breve parada —sin discurso— al frente del edificio del Partido Popular. En Ponce exponerme cuando llegue en la Fundación donde se podrían hacer expresiones de duelo y guardias de honor. Al otro día continuaría expuesto en la Fundación hasta que se me lleve a misa en la Catedral a pie y luego en la misma forma al Panteón Nacional de la Calle Torres. Yo deseo ceremonia alguna de carácter militar o policial. Pido que todos los miembros de mi escolta hagan Guardia de Honor en la Fundación y que sean mis hijos y nietos que carguen el féretro en todo momento.

Rafael Hernández Colón y sus siete nietos en 2010. Desde la izquierda:
Pablo, Erwin, Rafael, María Mercedes, Alicia, Hans y Ana Patricia

Alelo Cuchin

Pablo J. Hernández Rivera

Alelo Cuchin, sin acento en la i, te rascaba la cabeza con fuerza y te asfixiaba con sus abrazos. Cuando lo hospitalizaron en noviembre, nos miró a Erwin, Hans y a mí y nos dijo, "qué mayor alegría que estar aquí con mis tres nietos". Él estaba triste y sorprendido por la crueldad espontánea del cáncer. "La vida da sorpresas, como cantaba Rubén Blades", nos dijo. Le contesté que también está llena de retos y luchas, como escribía Hernández Colón, en alusión al título de uno de sus libros.

Mantuvo su fe, aunque según el internet su condición no me lo prestaba por más de un año. En diciembre le pregunté por qué era tan devoto. Me contó que cuando era pequeño diagnosticaron a su madre con una enfermedad terminal, y él empezó a ir a misa diaria y orar intensamente. Su madre vivió cuatro décadas más, y en su mente racional eso constituía prueba de causa y efecto.

A raíz de su catolicismo, no era rencoroso. Reclutó jefes de agencia que lo habían atacado públicamente y en privado nunca habló mal de un adversario en su carácter personal. Creía en el perdón, aunque nunca perdonó a mi primo por llevarlo al cine a ver *Austin Powers*.

A pesar de ser Rafael Hernández Colón, podía ser una persona ordinaria. Corría bicicleta por Ponce en pantalones cortos de baloncesto, pero sin casco para cuidar su apariencia. Adoraba a su perrita Sara, la única que se atrevía a desobedecerlo —lo cual una vez causó que mi papá le recordase que "la perra no sabe que tú eres Hernández Colón". Muchos sostienen que ha sido el mejor gobernador desde Luis Muñoz Marín. En lo económico, logró la sección 936 (de la cual dependerían 300,000 empleos) y en su segundo término Puerto Rico era el segundo país con mayor crecimiento económico en el mundo.

En lo cultural, promovió nuestra identidad y cultura internacionalmente, y nos inspiró a creer que éramos tan capaces como el más capaz. Al retirarse pidió ser recordado "como una persona que tuvo y tiene una gran fe en el pueblo puertorriqueño".

Como político era tenaz y excepcional. Rescató el PPD tras su primera derrota en 1972, modernizando el partido sin repetir los errores de la fracasada transición generacional de Muñoz y Sánchez Vilella que desembocó en división y derrota. Aunque perdió en 1976 y 1980, lo mantuvieron como candidato en 1984 y se convirtió en el único gobernador en regresar a La Fortaleza tras ser derrotado. Bajo su dirección, el partido era una institución con estructura, contenido y propósito, no un "reguerete de gente" corriendo bajo una insignia. Como admitiría Victoria Muñoz en 2018, cuando Hernández Colón había Partido Popular.

Nunca le acomplejó ser segundo a Muñoz, y como me dijo un amigo, eso es un gran elogio. En 1972, mi abuelo llamó a Muñoz "la persona que yo más respeto y admiro". Siguió su ejemplo y lloró su muerte. En las paredes de su oficina tenía colgado un cuadro del prócer al lado de una postal de Jesucristo. Lo honraba en lo político, defendiendo su obra y legado, y hasta en su selección de vinos —a veces para desgracia económica de mi padre a quien le tocaba pagar la mitad de la cuenta.

Alelo me enseñó lo que es amar a los puertorriqueños. Acabábamos de enterrar a mi abuela y salíamos del cementerio en carro, todos llorosos. Yo tenía once años y protesté que estaba cansado de compartir con cámaras y desconocidos —por dos días— la tragedia que representó la muerte de mi abuela a sus sesenta años. "Estas personas amaban a *Granma*", me dijo. "Vinieron a decirnos cuánto la querían, y hay que darles las gracias." Hasta en los momentos más difíciles su prioridad era el pueblo, y mientras convalecía, siempre tenía palabras para agradecer a los doctores y enfermeros.

La mejor manera de honrarlo en este momento es agradeciendo el cariño que le demostraron durante esta batalla y citando a Muñoz —por supuesto— cuando enterró a su padre:

> ¡Borinquen! Tú amaste ese hombre. Tú le diste pruebas de cariño en vida y lo veneras en la muerte. Tú te alegraste y te entristecías durante sus gravedades. Tú lloraste su muerte y regaste las flores de sus coronas con el llanto sincero de una inmensa pena. Tú lo quisiste; era parte de tu ser.

Yo era su nieto "y mi gratitud será eterna".

Isla de Mallorca, 1993

Epílogo

Buscando al verdadero Hernández Colón

A.W. Maldonado[*]

La noche de 21 de julio de 1965 estaba con Muñoz en su casa en Trujillo Alto. Solos, en la terraza, Muñoz leyendo a voz alta una conmovedora columna de Walter Lippmann sobre la muerte de Adlai Stevenson. Candidato demócrata presidencial en las elecciones de 1952 y 1956, perdiendo a Eisenhower, Stevenson se había convertido en una figura de culto entre los demócratas y Muñoz leía con emoción.

Lo interrumpe un guardia que le dice que alguien lo procuraba en el portón. Me pareció raro que alguien apareciera a esta hora de la noche. Muñoz le dice que sí. Aparece un joven; Muñoz lo saluda. Se sienta y Muñoz continúa leyendo la columna.

Observé al joven de veintiocho años. Una cosa era obvia. Veneraba a Muñoz.

Para entender a Rafael Hernández Colón hay que entender dos cosas. Su relación con Dios. Y su relación con Muñoz.

---

[*] Reportero y columnista de *The San Juan Star,* director ejecutivo de *El Mundo,* fundador y presidente de *El Reportero.*

Veinte años más tarde, estoy en un restaurante en Washington con él. Había ganado la gobernación por segunda vez en el 84 después de haberla perdido dos veces, en el 76 y 80. A pesar de haber dominado gran parte de la política por tantos años, era para muchos, incluyendo muchos que trabajaban con él y para nosotros en la prensa, un enigma. Le pregunté: ¿Cuál es el propósito de tu vida? Contestó: "Servirle a Dios".

Veintiséis de julio de 1993. Estamos en el silencioso patio de su casa en la calle Sol en Ponce. Se había ido a España a principios de año y regresado en junio. Su carrera política había terminado. Estaba leyendo y escribiendo, preparándose para regresar a España para dictar conferencias a estudiantes graduados sobre la crisis de gobierno en una democracia.

Era un tema que conocía de primera mano. Le pregunté cuál fue la lección principal que aprendió en el poder. Normalmente había una pausa antes de contestar una pregunta mientras pensaba y escogía sus palabras. Esta vez contestó rápidamente: "Que el Gobierno de Puerto Rico no funciona". Mirándome directamente, repitió: "El Gobierno de Puerto Rico no funciona".

Aceptó que su último término fue para él "terrible" —su iniciativa para "resolver el estatus" fracasó en el Congreso, perdió su referéndum constitucional sobre el estatus en 1991, el PPD perdió en 1992. Cuando anunció a principios de 1992 que se retiraba de la política, no sorprendió a nadie, y me pareció que escasamente había líder de su partido que no estaba de acuerdo.

"¿Cómo te sientes?" le pregunté. Pero si pensaba que estaba arrepentido, que se sentía frustrado, deprimido, fracasado, no podía estar más equivocado.

Nunca en su vida, dijo, había estado tan feliz.

No tenía nada que ver con lo que había pasando en Puerto Rico, o en el mundo, sino con su vida interna. Al terminar la gobernación, se fue a España buscando un cambio fundamental en su vida, buscando encontrarse de nuevo a sí mismo. Fue en Mallorca, dijo, después de días leyendo y meditando, que se "encontró".

¿Qué? No, dijo, es algo que no le gusta hablar públicamente. "Sabes que soy muy religioso." Le recordé de la conversación en el restaurante en Washington. Sí, dijo. En Mallorca encontró estar en paz con sí mismo, reencontró el propósito de su vida: "servirle a Dios". Entonces, pregunté, ¿qué ha cambiado? Después de una pausa: sí, servirle a Dios es primero. Todo lo otro le sigue.

Después de esa conversación, me pregunté: ¿Es este, entonces, el verdadero Hernández Colón? ¿El intelectual, conferenciante académico, el jurista, el intensamente religioso? ¿Es que el político que corrió para gobernador cinco veces, más que Muñoz, el líder del Partido Popular por tres décadas, nunca fue el Hernández Colón de verdad?

No. La clave era Muñoz. Si su misión espiritual era "servirle a Dios", dedicó su vida en esta tierra a realizar la obra de Muñoz. La obra de buen gobierno, de desarrollo económico, de perfeccionar, "culminar" el Estado Libre Asociado.

Pero había un problema. Conocer a ambos era conocer lo distinto que eran.

Ambos eran seres humanos decentes. Nunca los oí hablar despectivamente, insultar a alguien. Pero estar con ellos era una experiencia distinta. Con Muñoz uno sabía que estaba en presencia de la grandeza. Como escribió el importante historiador socialista e independentista, Gordon Lewis, al morir Muñoz el 30 de abril de 1980, cuando uno estaba con Muñoz uno sentía que estaba en presencia de un Churchill o de un Roosevelt.

Muñoz, sin embrago, hacia sentir a uno que era accesible. Hablaba, quería que uno entendiera lo que pensaba, sentía. La conversación era un flujo relajado que Muñoz obviamente disfrutaba. Uno sentía que se abría las puertas a su mundo, a su ser, y que uno entraba.

Hernández Colón escuchaba más que hablaba: habían largas pausas. Uno sabía que estaba con un intelecto excepcional, una mente lógica, analítica, siempre profunda. Uno entraba a un mundo de alto nivel intelectual, de ir a la esencia, nada superficial, nada barato, nada chabacano. Pero uno sentía que no entraba a su mundo interno, su ser.

Al Hernández Colón convertirse en el "líder" del PPD y todo el mundo comenzó a compararlo a Muñoz, pensé que eran tan diferentes que era un error.

Sus vidas no podían ser más diferentes. Muñoz fue un joven libre, rechazaba la disciplina, frecuentemente rebelde, descuidaba su salud, su vida personal desordenada hasta conocer a Inés. Cambiaba de partido, de estatus, de filosofía de desarrollo económico. Pero fue consistente en su manera de ser: siempre fue realista, nunca ideológico, legalista, jurídico. En su primera oportunidad abandonó los estudios de Derecho que le había impuesto su padre, Muñoz Rivera.

Hernández Colón fue totalmente disciplinado, organizado, ordenado, consistente, cuidaba su salud, educado en academia militar, brillante estudiante de Derecho, escribiendo importantes artículos jurídicos. Escribió textos de Derecho, precisamente el tipo de texto que Muñoz vendió en su primera oportunidad.

Pero un artículo jurídico que sí Muñoz leyó en 1959 fue su tesis de la Escuela de Derecho de la Universidad de Puerto Rico. A Muñoz lo impresionó tanto que mandó a imprimir 200 copias para distribuir en el Congreso que consideraba el Proyecto Fernós-Murray para mejorar el ELA.

Ahí comenzó la relación entre ellos. Muñoz siempre admiró a Hernández Colón, le tenía afecto, y siempre lo respaldó. Pero veían al estatus —al ELA— desde puntos de vista fundamentalmente distintos.

En 1949, definiendo lo que exactamente era el nuevo estatus que se estaba creando, el ELA, Muñoz dijo: "Lo que se está creando en Puerto Rico no [es] por plan de teorías ni por preciosismos de juristas" sino por la realidad puertorriqueña. La manera de entender el ELA, Muñoz dijo repetidamente, no era ideológicamente, sino entendiendo las realidades económicas y políticas de Puerto Rico y Estados Unidos.

Puerto Rico, Muñoz insistía, no es "colonia". La prueba era la realidad que viven los puertorriqueños en su democracia y libertades. "Repito" —dijo en 1949— "la libertad hay que juzgarla más por la observación inteligente de su realidad que por la lectura ingenua de sus documentos".

Pero para Hernández Colón entender el ELA consistía precisamente de la minuciosa "lectura de los documentos" jurídicos, constitucionales, las decisiones de los tribunales americanos. Su tesis jurídica era que cuando el Congreso autorizó a Puerto Rico a crear su propio gobierno bajo su propia constitución convirtió la isla en "un nuevo tipo de estado". Que con el poder para aprobar su propia constitución, Puerto Rico necesariamente dejó de ser colonia.

Ambos reconocían que el ELA tenía importantes fallas que había que corregir. La más importante, la "falla jurídica" que Puerto Rico continúa bajo las leyes del Congreso y el presidente de Estados Unidos sin votar por ellos. Pero para Muñoz, en la realidad el puertorriqueño tiene más libertad bajo el ELA. Lo crucial es que los puertorriqueños pagan sus contribuciones al Gobierno de Puerto Rico que

impone y dispone de esas contribuciones, y que es elegido en su totalidad por el pueblo puertorriqueño.

Esto es más poder real, más libertad real, que pagar impuestos al Gobierno de Estados Unidos, que impone y dispone el Congreso a donde Puerto Rico elegiría una pequeña fracción de sus miembros, unos ocho de los 535 miembros. Hernández Colón se dedicó a encontrar la manera de resolver la falla dentro de la autonomía del ELA. Pero para él era mucho más que una "falla jurídica". Era un "déficit democrático" en la relación de Puerto Rico y Estados Unidos.

Pensaba que si Hernández Colón iba ser el heredero del pensamiento de Muñoz, y si iba a entenderlo, había una pregunta que parecería abstracta. En el lenguaje de la ideología de estatus en Puerto Rico, el estatus es el "ideal". El político insiste en que es su propósito en la vida pública, la razón-de-ser de su partido político.

La revolución política de Muñoz de 1940 consistió precisamente en dedicarse a cambiar esta cultura política. Que el estatus no es el "ideal", que el nuevo Partido Popular no es otro partido ideológico sino un partido de gobierno. Que el verdadero ideal es sacar al puertorriqueño de la pobreza creando una buena civilización de justicia social y económica.

Y la pregunta era: en su interior, ¿es el estatus el "ideal" de Hernández Colón?

Pensaba que era significativo que a los veinte años Hernández se hizo seguidor del ELA y miembro del PPD al leer el discurso de Muñoz del 17 de agosto de 1951 donde describe su transición de independentista al ELA, donde mejor describe su pensamiento esencial de que el estatus no es "el ideal".

Cuando hablaba del estatus, Hernández reflejaba ese punto esencial: que el ELA era el único estatus que hace posible el desarrollo económico que hacía posible la civilización de justicia social y económica —que es el verdadero "ideal".

Por eso fue sorprendente cuando en 1970, Hernández Colón, presidente de Senado y del PPD, propuso en el Pronunciamiento de Aguas Buenas cambios radicales en el ELA que me parecían lo convertía en otro estatus, lo que se llamaba "Libre Asociación". Me parecería que Hernández se apartaba del realismo de Muñoz: que la Libre Asociación era tan imposible como la estadidad y efectivamente la independencia.

Y pensé que cambiaba la misma naturaleza del PPD que había creado Muñoz, convirtiéndole en otro partido ideológico.

Desde Europa, Muñoz le comunicó que la intención era buena pero era un error político.

Hernández negó que se cambiara la naturaleza del ELA o del PPD. En 1971 y 1972 usó el lenguaje no-ideológico de Muñoz, diciendo repetidamente: "El Partido Popular surge espontáneamente, es producto de la realidad puertorriqueña . . . no es una abstracción de ideales . . . para el Partido Popular el estatus político no es un ideal, sino una herramienta de servicio".

Sabía que no había encontrado el verdadero Hernández Colón.

Desde el principio de su vida pública, era evidente que parte grande del misterio de Hernández Colón se debía a su relación con la prensa. No era solamente el conflicto normal y saludable entre la prensa y el político. Era que les caía mal a algunos periodistas. Cuando era secretario de Justicia, el columnista de *El Mundo*, Mike Santín, que acostumbraba fumar cigarrillos en una esquina en el Viejo San Juan, lo vio pasar en su carro grande negro, sentado atrás. En sus memorias en 2004, *Vientos de Cambio*, Hernández recordó

la columna que escribió Santín tras verlo pasar. "Era algo terrible... Santín me presentaba como joven, rico, arrogante, despreciativo de la prensa y de la democracia".

En su primera gobernación me dijo un día que había dejado de leer los periódicos de Puerto Rico. En la visita a su casa en Ponce en 1993, me dijo lo mismo. Pero sabía que no sentía animosidad hacia periodista alguno. Al contrario, tenía interés en el funcionamiento, la mecánica del periodismo, y respeto para periodistas. De hecho, después de la columna, se hizo amigo de Santín, describiéndolo como "simpático y buena gente", y once años más tarde fue a verlo cuando se moría de cáncer.

En 1972 recibí una llamada de Víctor Pons, su jefe de campaña. Si me interesaba reunirme con Hernández Colón, el candidato del PPD para gobernador. Por supuesto. De noche en el fresco de la casa de campo de Pons en Jájome pasaban las horas y no llegaba. Finalmente apareció en un jeep abierto lleno de lodo. Estaba quemado del sol, obviamente agotado, ronco, la ropa llena de sudor. Venía de estar todo el día haciendo campaña por el campo. Me saludó y se fue para bañarse y vestirse.

Los tres solos cenando y tomando, lo sentí relajado. Quizás, pensé, ha bajado la guardia.

Todo político que hace campaña en la zona rural, en los arrabales en las ciudades, en la vivienda pública, haciendo contacto directo con la realidad del "otro Puerto Rico" —pobre, atrasado, víctima de drogas, violencia, desempleo— ciertamente se conmueve. Promete que si gana se va a dedicar a sacarlos de la pobreza y el atraso. Y probablemente se lo promete a sí mismo.

Pero en la realidad del poder, es cuestión de prioridades. Y en el mundo ideológico de estatus la prioridad es el "ideal" —el estatus. Estuve presente en la cancha de Bayamón cuando Ferré fundó el Partido Nuevo Progresista en 1967, y líder tras líder gritó que la razón-de-ser del partido era la estadidad. Otro partido ideológico.

El partido ideológico no puede gobernar bien a Puerto Rico. Es demasiado difícil, sobre todo extremadamente duro lograr crecimiento económico y retenerlo. Requiere total concentración en la economía, tomar duras decisiones, a veces sacrificios. El crecimiento económico tiene que ser el interés, la motivación principal, la *prioridad*.

Esa noche en Cayey, aunque no pensaba que iba ganar, me pregunté, cuál iba a ser la prioridad de Hernández Colón. ¿Gobernará como el ideólogo que pensé que era con el Pronunciamiento de Aguas Buenas? Tarde esa noche, después de horas hablando, pensé: quizás no.

En noviembre, sorprendió a todo el mundo ganando las elecciones. Refiriéndose a mis críticas del Pronunciamiento, escribió en 2004: "Las predicciones apocalípticas de ... Maldonado no habrían de realizarse".

Como gobernador se dedicó con gran intensidad al trabajo duro, complejo, en gran parte invisible al pueblo, de administrar el Gobierno de Puerto Rico. En otros tiempos, veía a Muñoz salir de su oficina por la tarde mentalmente agotado por el trabajo. Tenía que caminar por los jardines para despejar su mente.

Ahora Hernández pasaba día y noche en su oficina, leyendo, tratando de penetrar y entender, programa por programa, agencia por agencia, tratando de mover, mejorar, lo que ya veía como "el monstruo burocrático".

Como presidente del Senado y en la campaña, Hernández había demostrado que no tenía complejo con Muñoz. No pensaba que tenía que probar que era su propio gobernador. Reclutó una nueva generación de talento administrativo, pero también muchos veteranos. A los treinta y seis años, no tenía problema reclutando gigantes de la Era de Muñoz, al intelectual difícil que se consideraba el "mentor" de Muñoz, Jaime Benítez, o a Teodoro Moscoso, el padre de Fomento que había organizado y dirigido la Alianza para el Progreso del presidente Kennedy.

Se dedicó al estatus en 1973 creando con el presidente Nixon el Comité Ad Hoc sobre el Nuevo Pacto. Pero su prioridad se decidió de repente en octubre cuando Hernández sintió que el piso se le había caído debajo de sus pies. Estalló la crisis del petróleo mundial, afectando a Puerto Rico como a ninguna otra economía. Del milagro económico de Muñoz y Moscoso, Puerto Rico comenzó a hundirse.

Hernández suplementó el talento nuevo y veterano en su Gobierno con talento extraordinario económico de Estados Unidos. Tomó decisiones antipolíticas. Demostró su capacidad extraordinaria de enfocarse como un rayo láser en la terrible crisis. Para 1976, la economía dejó de caer y comenzó a recuperarse.

Pero hizo más que rescatar a Puerto Rico. Ese año logró en el Congreso la aprobación de la sección 936 que lanzó una nueva era de rápido crecimiento económico, creando cientos de miles de nuevos empleos. De hecho, fue la segunda gran transición en la economía puertorriqueña. La primera la de Muñoz y Moscoso del 40 al 60, de la agricultura a la industrialización, y esta de la "energía barata", de las petroquímicas, a la de alta tecnología electrónica y farmacéutica.

Hubo, sin embargo, una gran diferencia. El "milagro económico" de Muñoz y Moscoso fue repetidamente premiado por el elector puertorriqueño y mundialmente reconocido. Muñoz en portadas de *Time*. La gala-cena en la Casa Blanca el 13 de noviembre de 1961 en honor a Muñoz, con un concierto de Casals, el evento cultural más grande y famoso de la presidencia de Kennedy.

En cambio, Hernández Colón perdió su primera reelección. La noche después de las elecciones de 1976, con Hernández en su oficina-biblioteca en La Fortaleza, su cara en sombra, su voz baja demostraba que estaba emocionalmente herido. No lo entendía. El pueblo lo había rechazado. Para muchos, especialmente dentro de su Gobierno, la razón era evidente. Por supuesto pagó el precio por las decisiones antipolíticas. Pero se vio como una derrota personal de Hernández Colón: que la causa principal era su manera de ser. Encerrado en su oficina trabajando y no en la calle, no comunicándose. Que Hernández Colón perdió sencillamente porque no era "político". Un pez fuera del agua.

Después de la derrota, parecía que Hernández regresaba a su mundo: a su oficina de abogado en Ponce, al salón de clase en la Escuela de Derecho, a escribir libros jurídicos. Pero una vez más confundió a todo el mundo.

Regresó a la política. No iba a repetir el "error" de su primer término, iba a ser más político. Prometiendo dedicarse a "empleos" ganó en el 84 y el consenso fue que su segundo término fue un éxito, superando otra crisis cuando convenció al presidente Reagan a retener la 936. La economía creció 17%, se crearon 180,000 nuevos empleos. Esta vez no fue decepcionado, ganó fácilmente en el 88.

Bajo el sol, el 2 de enero de 1989, escuchando el mensaje inaugural al frente del Capitolio, me parecía que este era el Hernández Colón que conocía. Con un tono espiritual, religioso, místico, instaba al pueblo a llegar a la "Cumbre Luminosa" que me parecía similar a lo que Muñoz llamaba la Buena Civilización.

Pero de repente pensaba que estaba oyendo mal. Hernández estaba anunciando que iba a dedicar su tercer término al estatus. Iba a regresar al Congreso con el liderato estadista e independentista para solicitar que se comprometiera con el resultado de aun otro plebiscito.

No lo podía entender. Pensaba que Hernández entendía que celebrar plebiscitos era una pérdida de tiempo. Nada se "resolvía". Que la estadidad es económicamente imposible: que era una pérdida de tiempo pedirle al Congreso a comprometerse a darla. Sobre todo que estaba de acuerdo que no existe tal cosa como "resolver" y terminar el conflicto ideológico y político sobre estatus. Que es parte de la cultura política puertorriqueña que Muñoz no pudo cambiar, y lo será mientras existan partidos políticos, democracia, libertad política en Puerto Rico.

¿Me había equivocado de nuevo?

Después de tantos años sabía que no había encontrado el verdadero Hernández Colón.

Sabemos que fue un brillante gobernador y líder político, en la historia de Puerto Rico segundo solamente a Muñoz. Ahora que vemos a Puerto Rico hundiéndose económicamente año tras año, administración tras administración, sabemos que salvó a Puerto Rico en la terrible crisis del petróleo en 1973. Que esa obra maestra de buen gobierno fue su legado.

Pero en su cruzada no encontró el Santo Grial de "resolver" y terminar el estatus político. No lo encontró porque no existe.

Hernández Colón murió a la misma edad de Muñoz, 82. Murió el 2 de mayo de 2019, treinta y nueve años después que enterró a Muñoz en Barranquitas en la misma fecha, el 2 de mayo de 1980.

En la tumba de Muñoz Rivera, apiñado por el gentío, al lado de Hernández Colón, no se podía mover un músculo, no se podía respirar. De alguna manera, su cara bañada en sudor, a voz alta, Hernández leía lo que había escrito. "Maestro" —gritó— "hoy te lloramos".

> Te lloramos porque te perdimos, te lloramos porque no te hicimos justicia: porque no te dimos lo que te merecías, porque te atribulamos. Pero esta manifestación dramática que ha dado tu pueblo ante el dolor de tu partida es nuestra expresión del alma de que te queríamos como a nadie, de que te queremos, y de que te querremos siempre y jamás te olvidaremos.

Al morir Hernández Colón, creo que nunca dejó de ser un enigma, un misterio, para Puerto Rico. Que nunca encontré el verdadero Hernández Colón.

Pero murió sin ser un misterio para sí mismo.

El viernes 3 de mayo de 2019, en la misa en la Catedral de San Juan, se distribuyó una tarjeta con palabras que escribió en su libro, *Contra Viento y Marea*, en 2014:

> Interpreto al mundo partiendo de Jesús. De ahí surgen mis convicciones sobre las posibilidades humanas, la historia, el acaso, el riesgo, en fin la vida.

> Me he abrazado a Él con todas las fuerzas de mi ser y me he entregado sin reservas en esas noches en que he sentido frío en el alma.

> He sentido la presencia de Su espíritu junto a mí y he conocido la razón de mi existencia.

A.W. Maldonado y Rafael Hernández Colón

Made in the USA
Middletown, DE
14 February 2020